# MICHAEL MARTIN

## DIE WELT IM SUCHER

*Für meine Eltern Gerhard und Gerda Martin*
*Für meine Frau Elly*
*Für meine Kinder Gina und David*
*Für mein Enkelkind Lara*

ABENTEUER EINES FOTOGRAFEN

# MICHAEL MARTIN

MIT SABINE WÜNSCH

## DIE WELT IM SUCHER

KNESEBECK *Stories*

# INHALT

*Es ist eine Illusion, dass Fotos mit der Kamera gemacht werden ...*
*Sie werden mit dem Auge, dem Herz und dem Kopf gemacht.*

Henri Cartier-Bresson

# Vorweg

1976 ist Helmut Schmidt Bundeskanzler, Jimmy Carter wird zum US-Präsidenten gewählt, und in China stirbt der »große Vorsitzende« Mao Zedong. Im italienischen Seveso kommt es in einer Fabrik zum bis dahin größten Chemieunfall der Geschichte, als hochgiftiges Dioxin entweicht. Erich Honecker wird zum Vorsitzenden des Staatsrats der DDR gewählt und der Liedermacher Wolf Biermann ausgewiesen. Im Radio laufen die Songs von den Rolling Stones, AC/DC und Elton John, im Kino ist *Einer flog über das Kuckucksnest* zu sehen. Nach wie vor bestimmen lange Haare, auch bei Männern, Schlaghosen und Plateauschuhe die Mode. Für einen dreizehnjährigen Schüler an einem Gymnasium im kleinen Gerst-

Dünenbesteigung an einem Wintermorgen in der Wüste Rub al-Khali

hofen bei Augsburg im südwestlichen Bayern ist 1976 ein Jahr, das
sein gesamtes Leben prägen sollte.

Ich fotografierte damals schon gern, wenn auch mit einer höchst
simplen Kamera – einer Kodak Instamatic – und vor allem nicht viel,
weil Filme und das Entwickeln teuer waren. Meine größere Leidenschaft war in jener Zeit die Astronomie, weshalb ich dem 13. Mai
1976 entgegenfieberte, dem Tag der Mondfinsternis. Ich wollte das
Himmelsereignis aber nicht nur *sehen*, sondern auch *fotografieren*.
Meinem Freund Achim Mende und mir gelangen, trotz für diesen Zweck denkbar ungeeigneter Kameras, eine Reihe brauchbarer
Bilder. Wir fragten Alfons Reichardt, den Vereinsvorsitzenden der
Astronomischen Vereinigung Augsburg, der wir gerade erst beige-
treten waren, ob wir bei der nächsten Mitgliederversammlung einen
Vortrag über die Mondfinsternis halten dürften. Und so standen
Achim und ich an einem Sommerabend im Chemiesaal des Augsburger St.-Anna-Gymnasiums erstmals vor Publikum. Die meist
älteren Männer zeigten sich sehr angetan, was weniger an den Fotos
lag als vielmehr an der Begeisterung, die unseren Bildkommentaren
anzumerken war.

1976 war für mich noch aus anderen Gründen ein besonderes
Jahr: Die Raumsonden Viking 1 und Viking 2 landeten auf dem
Mars – und die detaillierten Aufnahmen von der Oberfläche des
Roten Planeten waren sensationell. Durch mein kleines Spiegel-
teleskop hatte ich den Mars schon öfter bestaunt. Die weißen Pol-
kappen und dunklen Strukturen auf seiner rötlichen Oberfläche
hatte ich aber nur verschwommen gesehen. Und nun funkten die
Sonden gestochen scharfe Bilder zur Erde, Bilder einer Wüsten-
landschaft: staubige Ebenen, Geröllfelder, Dünen. Ich war völlig
fasziniert; nicht ahnend, dass die irdischen Wüsten, allen voran die
Königin aller Wüsten, die Sahara, über Jahrzehnte mein Leben bestimmen und bereichern würden.

Ein anderer Moment, der mich nachhaltig prägen sollte, war im Oktober 1976 das Erscheinen des allerersten *Geo*-Magazins. Auf dem Titelbild dieser damals völlig neuartigen Zeitschrift war ein Indigener der Andamanen abgebildet, der am Bug seines Bootes stehend auf die Brandungswellen zusteuert, und im Innenteil reihten sich atemberaubende Fotostrecken und Reportagen aus fremden Ländern aneinander. Für mich war dieses Heft eine Wundertüte – das Fenster zur Welt. Es weckte meine Neugier auf fremde Kulturen und Länder, die Lust zu reisen und Neues zu entdecken und den Wunsch, selbst derart fantastische Bilder einzufangen. Es legte in mir den Keim für die lebenslange Verbindung von Reisen und Fotografie.

Ein weiteres wichtiges Erlebnis in jenem Jahr war ein professioneller Reisevortrag. Bis dahin kannte ich lediglich die Diaabende meines Vaters, der im Kreis der Familie seine Urlaubsbilder zeigte. Achim und ich besuchten in der Augsburger Kongresshalle eine sogenannte Leicavision über Island von Helfried Weyer. *Sechs* Projektoren warfen Dias auf *drei* Leinwände, es wurde Musik eingespielt, und Helfried Weyer stand vor dem Publikum statt hinter dem Projektor. Ich war begeistert von Konzept und Wirkung: Der riesige Saal war bis auf den letzten Platz besetzt und die Leute waren gefesselt. Noch im Linienbus zurück nach Gersthofen schmiedeten Achim und ich Pläne für eigene Reisevorträge.

Genau vierzig Jahre später, also 2016, erlebte ich wieder ein ganz besonderes Jahr. Ich hielt mehr als hundert Vorträge *Planet Wüste* im gesamten deutschsprachigen Raum, der gleichnamige Bildband wurde als »Wissensbuch des Jahres« ausgezeichnet, *Geo* widmete mir, meinen Fotografien und Reisen eine Sonderausgabe, ich hatte drei Fotoausstellungen und im Fernsehen liefen mehrteilige Dokumentarfilme zu *Planet Wüste*. Mit diesem Projekt, meinem bis dahin größten, war ich ein hohes Risiko eingegangen, hatte unzählige Reisen unternommen, hatte viel Geld und noch mehr Herzblut investiert – und war nun glücklich, dass sich all das gelohnt hatte. Außerdem hatte ich die Idee für *Terra – Gesichter der Erde.*

In den vier Jahrzehnten dazwischen war ich zum Berufsfotografen, Vortragsreferenten und Autor geworden. Aber welche Berufsbezeichnung trage ich nun eigentlich in das Einreiseformular eines Landes ein? Wüstenfotograf? Reisefotograf? Oder Abenteurer? Früher schrieb ich Student, heute Geograf. Letztlich ist es mir egal, wie ich bei Vorträgen oder Talkshows angekündigt werde. Nur Aussteiger, Lebenskünstler, Weltenbummler oder Biker höre ich nicht so gern. Meine Arbeit ist eine Kombination aus Fotografieren und Präsentieren, Geografie und Abenteuer. Ich will mehr als schöne Bilder zeigen und abenteuerliche Geschichten erzählen. Wollte schon immer auch die Welt erklären, Zusammenhänge aufzeigen, auf Missstände hinweisen und Verständnis für andere Lebensformen und Kulturen schaffen. Das ist mir mal mehr, mal weniger gelungen.

Die Lust am Reisen und Fotografieren, die Begeisterung, Neues zu entdecken, Menschen anderer Kulturen zu treffen, und die Freude, meine Zuschauer und Leser durch Vorträge, Dokumentarfilme oder Bücher daran teilhaben lassen zu können, sind nach wie vor ungebrochen. Davon und von meiner Welt im Sucher möchte ich im Folgenden berichten.

# Vom jungen Hobby-
# zum Profifotografen

Meine Liebe und Leidenschaft für die Fotografie ist ein Erbe meines Vaters. Er fotografierte leidenschaftlich gern und trug in jedem Urlaub, bei jedem Ausflug seine Agfa-Kamera mit sich. Ich sehe heute noch das braune Lederetui vor mir, in dem er sie, bestückt mit dem damals weitverbreiteten Diafilm Agfachrome CT 18, und eine Ersatzfilmrolle aufbewahrte. Sein ganzer Stolz war ein Foto eines Schäfers mit seinen Schafen, das in seinem Arbeitszimmer hing. Er hatte damit in den fünfziger Jahren einen Fotowettbewerb gewonnen. Mein Vater war eher der grafische, gestalterische Typ. Er liebte das Puristische, wie zum Beispiel unsere Bertoia-Stühle, und skandinavische Architektur. Sein Lieblingsmaler war Emil Nolde, der als überzeugter Anhänger der Ideologie des Nationalsozialismus mittlerweile in Verruf geraten ist. Mein Vater liebte die intensiven, warmen Farben, mit denen Nolde ausdrucksstarke Lichtstimmungen schuf, insbesondere das Orange. Wir hatten eine Wohnzimmerlampe in »Nolde-Orange«, und mein Vater drängte meine Mutter des Öfteren dazu, Kleidung in warmen kräftigen Farben zu tragen. Auch in der Vorliebe für solcherart Farbtöne wurde ich von meinem Vater geprägt, was man bis heute in meiner Fotografie wiederfindet.

Als ich mit zehn Jahren meine erste Kamera bekam, eine Kodak Instamatic, trug ich sie mit mir herum wie einen Schatz. Sie arbeitete nicht mit Filmrollen, sondern mit -kassetten. Und die waren nicht nur teuer, sondern ergaben auch nur zwanzig Bilder. Wenn ich mich richtig erinnere, kam ich auf eine Mark pro Bild, und

Meine Familie im Jahr 1977

zwanzig Bilder kosteten mich mein monatliches Taschengeld. Das hatte zur Folge, dass ich mir genau überlegen musste, was ich fotografierte. Auf viele Aufnahmen verzichtete ich daher gleich ganz oder zögerte oft zu lange – dann war der Hirsch schon aus dem Bild gesprungen.

Wenn nach drei, vier Wochen die Filmkassette voll war, brachte ich sie in die örtliche Drogerie. Der Besitzer war selbst leidenschaftlicher Fotograf und hielt sich für außergewöhnlich gut. Über seinen Verkaufsregalen hingen Vergrößerungen seiner Fotos. Eines davon hielt er mir immer wieder als leuchtendes Beispiel vor. Es war eine Hafenansicht von Dubrovnik im schönsten Sonnenlicht. Wenn ich meine Abzüge bei ihm abholte, zog er sie ohne mich zu fragen aus der Versandtasche und ging jedes Bild einzeln mit mir durch. Natürlich konnte in seinen Augen keines mit seiner Dubrovnik-Aufnahme mithalten. Und ungeachtet der Tatsache, dass meine Instamatic einfach nicht gut genug war und ich keine Erfahrung mit dem Fotografieren hatte, sparte er nicht mit gnadenlosen Kommentaren.

Zum Glück konnte ich meine Bilder aber auch immer mit meinem Vater besprechen. Er brachte mir bei, wie man Bilder komponiert und wie man sie in einem Fotoalbum so kombiniert, dass eins plus eins mehr ergibt als zwei. Er gab mir auch einen goldenen Tipp, den ich bis heute befolge. Er sagte: »Bevor du abdrückst, kneif die Augen zusammen und schau, was von dem Motiv noch übrig ist.« Tatsächlich kommen, wenn man die Augen zusammenkneift, nur die starken Bildelemente zum Vorschein, sodass man sieht, was das Foto prägen wird. Mit dieser Methode konnte ich beurteilen, ob es sich wirklich lohnte, mein Taschengeld zu investieren.

Die Fotografie rückte kurz in den Hintergrund, als ich mich für die Astronomie zu begeistern begann. Sie verschwand aber nicht ganz, denn was ich am Himmel sah, wollte ich bald auch fotografieren. Als Glücksfall für mich sollte sich die Astronomische Vereinigung Augsburg erweisen. Ich war als Kind und Jugendlicher sehr schüchtern, ein bisschen eigen (welcher Dreizehnjährige interessiert sich schon für Sterne statt Mädchen); ich war nicht unbeliebt, aber unscheinbar. Außerdem war ich ein mittelmäßiger Schüler, in Sport gar dermaßen schlecht, dass ich beim Zusammenstellen einer Mannschaft immer als Letzter aufgerufen wurde. In der Jugendgruppe der AVA traf ich nun auf junge Menschen, die wie ich Individualisten waren – oder, anders formuliert, Eigenbrötler, Mauerblümchen. Aber wir teilten dieselbe Leidenschaft, und es war völlig egal, ob man wie ich groß und schlaksig war und eine zu große Nase hatte oder klein und

Meine erste Kamera von Kodak

dick; welches Fahrrad man hatte, was die Eltern beruflich machten oder welche Klamotten man trug. Endlich hatte ich außer Achim weitere Gleichgesinnte gefunden, wurde für meine Liebe zu den Sternen nicht mehr belächelt – und das stärkte mein Selbstvertrauen ungemein. Diese Jugendgruppe war für mich in meiner Sozialisierung einer der allerwichtigsten Schritte.

Die sogenannten Astrocamps – einwöchige Zeltlager in den Ferien auf immer derselben Wiese, um nachts die Sterne zu beobachten – und die anderen Aktivitäten der Jugendgruppe waren mir bald nicht mehr genug. Ich war damals schon sehr energiegeladen und auf der Suche nach Abenteuer. Achim erging es ähnlich. Und so fuhren wir an den Wochenenden in die Berge – 150 Kilometer mit den Fahrrädern, die mit Stativen, Fernrohren, Kameras, Zeltausrüstung und Essen schwer beladen waren. Dort hatten wir einen viel klareren Blick auf die Sterne als im Dunstkreis der Stadt, denn Lichtverschmutzung war schon in den siebziger Jahren ein Thema. Diese Wochenenden auf dem Gipfel des 2034 Meter hohen Hönig in Tirol waren für uns Jungs, die bei den ersten dieser Ausflüge gerade mal vierzehn Jahre alt waren, Abenteuer und Freiheit pur.

Die Astronomie bescherte uns viele Freiheiten. Unsere Eltern fanden es ganz toll, dass wir unsere Abende und Nächte mit einem Teleskop verbrachten, statt in einer Disco herumzuhängen. Generell wurde ich von meinem Vater nicht bevormundet, sondern

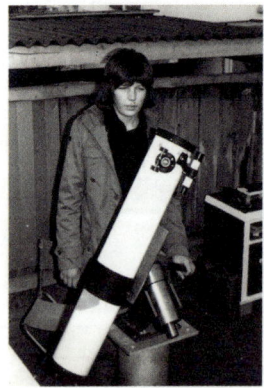

Die Teleskope auf meiner Sternwarte in Gersthofen

Der Gipfel des Hönig in Tirol bot uns optimale Beobachtungsbedingungen

unterstützt, nicht mit Forderungen konfrontiert, sondern gefördert. Auch meine Mutter nahm regen Anteil an meinen Hobbys. Überhaupt hatte ich großes Glück und ideale Voraussetzungen: In unserer Familie wurde viel miteinander gesprochen, es herrschten Liebe und Verständnis füreinander.

Das Motiv nachts war also klar. Die Sterne! Aber nun begannen wir so langsam, auch tagsüber zu fotografieren: die Morgendämmerung, Wolken, Blumen, Berge ... Und da wir beide nicht die großen Schreiber waren und uns einfach die Lust fehlte, Tagebuch zu führen, wurden die *Kameras* zu unserem Tagebuch. Wir fotografierten uns auch bei jeder Gelegenheit gegenseitig: im Schlafsack, am Teleskop, neben dem platten Fahrradreifen, der gerissenen Fahrradkette, wie wir, das sperrige Teleskop im Rucksack, den Hönig hochschnaufen ... Astronomie, Fotografieren und Reisen – das wurde für uns zum tonangebenden Dreiklang. Ohne die Astronomie hätte ich vermutlich einen völlig anderen Weg eingeschlagen, denn über die Astrofotografie kam ich zur Wald-und-

Wiesen- und schließlich zur Natur- und Reisefotografie, und auch mein Weg zum Vortragsreferenten nahm ja seinen Anfang in der Astronomie.

Bald konnte auch der Hönig unsere Freude am Reisen, unsere Lust auf Abenteuer, unsere Neugier auf Neues nicht mehr befriedigen. Das Reisen und vor allem das Fotografieren auf diesen Reisen waren uns mittlerweile so lieb geworden, dass sie schnell zum Selbstzweck wurden. Und letztlich war halt auch der Himmel über uns immer mehr oder weniger derselbe; da wäre es doch schön, mal einen anderen zu sehen. Und so machten wir uns als Siebzehnjährige in den Sommerferien – mit dem Mofa! – auf den Weg nach Marokko. Dass wir dort einen ganz anderen Sternenhimmel sehen könnten, war ein lohnendes Ziel, vor allem aber ein guter Vorwand gegenüber unseren Eltern, denn für uns selbst stand längst das Reisen an sich im Mittelpunkt. So hieß denn auch der Diavortrag, den wir nach dieser Reise hielten, *Auf dem Weg nach Marokko* und nicht *Die Sterne über Marokko* oder etwas in der Art.

So wie mich die Astronomie zum Reisen brachte, waren es die Reisen, die mir die Natur näherbrachten. Ich muss, wann immer es geht, raus aus den vier Wänden und raus aus der Stadt und liebe es bis heute, auch nachts draußen zu sein. Das schönste Bett ist für mich ein Schlafsack unter freiem Himmel. Da kann ich beim Einschlafen zu den Sternen schauen und sehe gegen Morgen, noch vor der Dämmerung, das Zodiakallicht – eine Erscheinung, die durch interplanetaren Staub entsteht, der durch die Reflexion des von der Erde noch verdeckten Sonnenlichts zu leuchten beginnt. In der Stadt wird man vergeblich danach Ausschau halten. Danach kommt die astronomische Dämmerung – während der man im Osten das erste Sonnenlicht mehr erahnen als sehen kann –, dann die nautische Dämmerung, die so heißt, weil man nun mit bloßem Auge die Silhouette eines Schiffes am Horizont erkennen könnte.

Vortragsplakat im Jahr 1981

Noch immer steht die Sonne unter dem Horizont. Etwa eine halbe Stunde vor Sonnenaufgang setzt schließlich die bürgerliche Dämmerung ein, und man kann mit Glück den Merkur leuchten sehen, den man sonst nur bei einer Sonnenfinsternis erkennen kann. Dazu der Geruch eines Sommermorgens in der Nase. Selbst die Kälte einer Winternacht in den Bergen mag ich.

Die Reise nach Marokko war so etwas wie der Startschuss für meinen beruflichen Werdegang. Allerdings einer, der, um bei dem Bild zu bleiben, mit Schalldämpfer abgefeuert wurde, sodass nicht einmal ich ihn hörte. Zwar wusste ich bereits, dass ich weiterhin reisen und fotografieren und Diavorträge über meine Reisen halten wollte, hatte aber nicht die Absicht, es zu meinem Beruf zu machen. Ich gedachte eher, in die Fußstapfen meines Vaters als Bauingenieur zu treten. Keinesfalls aber wollte ich wie er Beamter im Straßenbauamt werden, das erschien mir zu langweilig. Ich hatte große Träume, sah mich als Eigentümer eines Bauunternehmens oder, noch eine Nummer größer, eines Baukonzerns wie Hochtief. Vor meinem geistigen Auge sah ich schon den Schriftzug »Michael Martin« auf Kränen und Baufahrzeugen. Als Alternative konnte ich mir auch Manager vorstellen, ebenfalls auf der obersten Sprosse der Karriereleiter und mit eigenem Flugzeug; das war mir ganz wichtig.

Nach dem Abitur fuhr ich erst einmal mit Achim in einem VW-Bus in den Kongo (darüber später mehr). Ein Jahr darauf schrieb ich mich an der TU München für das Ingenieurstudium ein. Meine ersten Studientage waren eine herbe Enttäuschung. Das fing schon mit den Kommilitonen an: fast nur Männer, noch dazu mit Bügelfalte in der Hose und mit bis zum Kragen zugeknöpftem Hemd unterm rostbraunen Pullunder. Vor Vorlesungsbeginn legten sie ihre Kunstlederaktenkoffer vor sich, ließen die goldfarbenen Schnallen aufschnappen und holten mit gewichtiger Miene Stift und Papier hervor. Ich fühlte mich fremd und fehl am Platz. Über tausend Studierende saßen mit mir in der Mathe-Vorlesung, die, wie ich später erfahren sollte, bewusst schwierig gehalten war, um die Spreu vom Weizen zu trennen. Und ich war offensichtlich Spreu, denn trotz Mathematikleistungskurs und fünfzehn Punkten im Mathe-Abi saß ich da wie vor den Kopf geschlagen. Ich verstand kein Wort von dem, was der Dozent erzählte. Und ich merkte, dass mich das Ganze im Grunde null interessierte. Nach vier Tagen warf ich das Handtuch.

Ich hatte das große Glück, dass Wolfram, mein Nachbar im Studentenwohnheim, Geografie studierte, und zwar nicht auf Lehramt, sondern als Diplom-Studiengang. Mir war nicht klar gewesen, dass man Geografie auch studieren konnte, wenn man *nicht* Lehrer werden wollte, aber Erdkunde an sich hatte ich immer gemocht. Daher begleitete ich Wolfram zu einer länderkundlichen Vorlesung über Afrika. Ein Professor präsentierte mit sonorer Stimme miserable uralte Dias. Damit nicht genug, musste sein Gehilfe, weil es keine Magazine gab, die Dias einzeln einschieben und wählte mit schlafwandlerischer Sicherheit aus den acht Möglichkeiten eine der sieben falschen. Die Bilder standen mal kopf, mal um neunzig Grad nach rechts oder links gekippt oder seitenverkehrt *und* kopf ... Das machte den Professor total fuchsig, und wir Studierenden machten uns natürlich einen Spaß daraus, den

Assistenten durch Zwischenrufe zusätzlich unter Druck zu setzen. Alles in allem war die Vorlesung, was Didaktik und Präsentation anging, stark verbesserungsfähig. Und trotzdem merkte ich: Geografie ist absolut das, was mich interessiert. Ich wechselte kurzerhand die Studienrichtung.

Geografie war damals ein Orchideenfach und ein Diplom in Geografie eigentlich zu gar nichts nütze. Die Professoren warnten uns Studenten permanent, dass es außer im akademischen Bereich kaum Berufschancen für uns gäbe und wir alle als Taxifahrer enden würden. Ich blieb trotzdem dabei. Einerseits, weil es mich wirklich interessierte, andererseits, weil mir dieser Studiengang nicht besonders schwierig zu sein schien, sodass ich viel Zeit für meine Reisen haben würde.

Mein Studium zog sich, nicht nur wegen der Reisen. Auch die Vorarbeiten für die Vorträge, die ich hielt – Dias rahmen, Bildauswahl treffen, Musik auswählen und vieles mehr –, nahmen viel Zeit in Anspruch. 1988 wurde ich außerdem Vater.

Es wurde immer klarer, dass ich nie als Geograf arbeiten würde. Aber weil meine Eltern mir eingeimpft hatten, dass sich ein Titel gut auf dem Briefkopf mache und es gar nicht gut sei, »abgebrochener Student« zu sein, studierte ich weiter. Um eine Exmatrikulation wegen Überschreitung der Höchststudiendauer in meinem Studiengang zu vermeiden, wechselte ich zwischendurch zu Japa-

1988 wurde ich junger Vater

nologie – allerdings nur auf dem Papier, ich wusste nicht einmal, wo das Institut war – und wieder zurück. Irgendwann wurde es der Univerwaltung zu viel und ich musste eine Diplomarbeit schreiben, um nicht doch noch exmatrikuliert zu werden. Als Thema wählte ich »Tourismus als Entwicklungsfaktor in Afrika«. Da konnte ich, so meine Überlegung, viele eigene Erfahrungen einfließen lassen. Meine Tochter, die Reisen und Vorträge nahmen jedoch meine ganze Zeit in Anspruch. Am Abgabetag musste ich meinem Diplomvater gestehen, dass ich noch keine einzige Zeile geschrieben hatte. Ich hatte bei ihm aufgrund meiner rhetorischen Fähigkeiten einen Stein im Brett. Und so gewährte er mir Aufschub, schlug jedoch vor, meine Abschlussarbeit über die Münchner Papiertonne zu schreiben – vermutlich weil er in der Entsorgungsgeografie engagiert war. Dieses Thema interessierte mich zwar nicht wirklich, doch die Datenlage war gut; es gab viel Material von der Stadt München und viele Ansprechpartner.

Tatsächlich schaffte ich es, innerhalb der Verlängerungsfrist von vier Wochen eine Arbeit zu verfassen, bekam sogar eine Zwei dafür, und erhielt so auf den allerletzten Drücker – nach elf Jahren – mein Diplom. Das freut mich bis heute. Und ich bin bis heute froh darüber, mich für diesen Studiengang entschieden zu haben, denn Geografie ist die ideale Flankierung und Begleitung für einen Reisefotografen. Bei mir schlägt sich das nicht nur in meinen Vorträgen und Filmen nieder, sondern sogar noch mehr in meinen Büchern. Das Fach ist außerdem ein wunderbares Interessensgebiet, weil es als eine Querschnittswissenschaft die großen Themen unserer Zeit wie Raumplanung, Nachhaltigkeit, Klimawandel oder Bevölkerungsentwicklung wunderbar abbilden kann.

Während ich als Geograf also eine fundierte Ausbildung erhielt, war ich als Fotograf Autodidakt. Manchmal beneide ich meine Tochter, die inzwischen Fotografie studiert hat. Sie bekam eine systematische Ausbildung in Foto-, Kamera- und Objektivtechnik, visuellen und technischen Gestaltungsmitteln und vielem mehr. Das Studium bot neben den theoretischen Grundlagen auch die Möglichkeit, das Gelernte in der Praxis umzusetzen und auszuprobieren. Ich selbst lernte zwar viel von meinem Vater, vor allem wie man ein Bild komponiert und wie man Bilder *kombiniert*, doch alles andere musste ich mir selbst beibringen. Vermutlich war es aber auch einfacher, sich in die damalige analoge Fotografie einzuarbeiten als heutzutage in die Digitalfotografie.

Was mir in meiner fotografischen Laufbahn viel geholfen hat, war das Betrachten von Bildbänden anderer Fotografen. Schon in den neunziger Jahren hatte ich begonnen, in Fotobuchhandlungen nach besonderen Bildbänden zu suchen und sie trotz knappen Budgets auch zu kaufen. In den letzten dreißig Jahren saß ich oft abends auf dem Sofa und blätterte in aller Ruhe darin. An bestimmten Stellen verweilte ich lange und überlegte mir, wie das Bild wohl entstanden sein könnte oder worauf seine besondere Wirkung beruht. Dabei lernte ich auch, wie wichtig die Gestaltung und die Ausstattung eines Buches sind. Und ich stellte fest, dass die schönsten Bücher nicht unbedingt von den bekanntesten Fotografen stammen müssen.

Trotzdem waren es natürlich die großen Namen, denen ich besondere Aufmerksamkeit schenkte: in der Reportage- und Kriegsfotografie Robert Capa, Henri Cartier-Bresson, Don McCullin, Steve McCurry oder James Nachtwey, im Bereich der Naturfotografie Frans Lanting, Art Wolfe, Yann Arthus-Bertrand und Sebastião Salgado, vor allem dessen Werk *Genesis*. Manche ihrer Bilder empfand ich als genial, manche bezogen ihre Wirkung eher daraus, dass sie von einem berühmten Fotografen stammten. Die vielen Stunden auf dem Sofa wurden zu einer wichtigen Sehschule für mich. Bildbände sind quasi mein Fernseher. Bis heute habe ich nie ein solches Gerät besessen.

Fotolehrbücher dagegen las ich nie, besuchte keinen Workshop und hatte daher nie einen theoretischen Zugang zur Fotografie. Ich bin immer *praktisch* an die Fotografie herangegangen. Und deshalb kann ich heute auch nicht mitreden, wenn es um Histogramme von Digitalbildern oder irgendwelche Farbkurven geht. Ein gewisses technisches Verständnis, was unterschiedliche ISO-Zahlen bedeuten, inwiefern sich ein 24-mm- von einem 28-mm-Weitwinkelobjektiv unterscheidet, habe ich natürlich schon. Und das Schöne bei der Fotografie ist ja, dass man immer dazulernt, dass man als Fotograf mit zunehmendem Alter eigentlich eher immer besser wird, anders als manche Profisportler, die mit Mitte zwanzig schon ans Aufhören denken müssen.

Was mir an theoretischem Wissen fehlte, machte ich durch frühe praktische Erfahrung und ein gewisses fotografisches Talent wett, durch Leidenschaft, Selbstdisziplin, die Bereitschaft, früh aufzustehen, nicht lockerzulassen, Ehrgeiz und Ausdauer, um genau die Bilder zu bekommen, die ich haben wollte. Die besten Bilder nützen einem Profifotografen jedoch nichts, wenn sie in seinem Archiv schlummern. Um von der Fotografie leben zu können, muss man nicht nur ein guter Künstler oder Handwerker sein – je nach Sichtweise –, sondern in gewisser Weise auch ein guter Verkäufer. Da bin ich ganz der Enkel meines Opas. Fritz Hertlein war der beste Verkäufer in dem Textilgeschäft in Oettingen, in dem er fünfzig Jahre arbeitete. Bis heute ist »der Hertleins Fritz« im Nördlinger Ries ein Begriff. Man erzählt sich, dass ein Bauer, der nach Oettingen fuhr, um einen Reißverschluss zu kaufen, garantiert mit drei Anzügen nach Hause kam. Mein Opa fuhr auf Kirchweihfeste und präsentierte dort Anzüge und besuchte die Bauern zu Hause, um ihnen verschiedene Modelle zu zeigen. Er war Verkäufer mit Leib und Seele, dabei ein angenehmer und sehr bescheidener Mann. Seine Tochter, meine Mutter, hat seinen Geschäftssinn nicht geerbt, aber auf mich hat er wohl irgendwie abgefärbt.

Mit den Reisevorträgen hatte ich früh meine geschäftliche Domäne gefunden. Dabei kam mir zu Hilfe, dass Ende der siebziger,

Anfang der achtziger Jahre der Markt für Diavorträge gerade erst bereitet und längst nicht gesättigt war. Nach zehnmal Gardasee sehnten sich die Menschen nach Neuem. Das Interesse an fernen Ländern wuchs. Dank des gestiegenen Wohlstands und des Sinkflugs des Dollars – zwischen 1970 und 1980 brach der Kurs von gut drei Mark sechzig auf die Hälfte ein – konnten sich zudem immer mehr Leute Fernreisen leisten. Auch gab es immer mehr Individualreisende. Ich kann mich noch gut erinnern, wie 1978 ein Reisebüro in München eröffnete, das mit dem Slogan »erstes Spezialbüro für Globetrotter« warb und unschlagbar günstige Flüge vermittelte. Reiseführer für Individualreisende mit exotischen Zielen waren jedoch ausgesprochen rar. Wer der englischen Sprache einigermaßen mächtig war, griff zu einem *Lonely Planet*. Erst ab Anfang der achtziger Jahre kam nach und nach deutschsprachige Konkurrenz auf den Markt. Viele Menschen waren sehr unsicher, weil sie keine Erfahrung als Individualtouristen hatten, und erhofften sich von einem Diavortrag nicht nur Anregungen, sondern auch Tipps. Als Achim und ich das realisierten, schrieben wir, geschäftstüchtig wie wir waren, auf das Plakat für unseren Vortrag *Sahara Sahel Regenwald*: »Mit vielen Tips und Anregungen«. Es folgten die goldenen Zeiten der Reisefotografie, und ich lebe immer noch von ihnen, weil es mir damals gelang, mir einen Namen in der Vortragsszene zu machen, und weil ich Kontakte aufbaute, die bis heute bestehen.

Meine Vorträge kombinierten Bilder mit einer frei gesprochenen, lebendigen Erzählung und schilderten humorig Pleiten, Pech und Pannen. Sicher spielte auch mein Äußeres eine Rolle. Ich sah mit meiner ausgebleichten Jeans, T-Shirt und meiner Löwenmähne immer aus, als wäre ich gerade erst von einer längeren Wüstentour zurückgekehrt, was mir mit Sicherheit ein gerüttelt Maß an Authentizität verlieh. Etwa Mitte der achtziger Jahre wurde ich regelrecht auf Veranstaltungen herumgereicht, obwohl nach heutigen Maßstäben gemessen vielleicht fünf von fünfhundert Bildern wirklich gut waren.

Durchquerung der Ténéré im Jahr 1989

Einen großen Sprung nach vorn machte meine Fotografie erst 1989, als ich zum ersten Mal die Ténéré bereiste, eine abgelegene Teilwüste der Sahara. Dank meiner ersten Kamera mit Autofokus, einer Minolta 9000, waren die Bilder vielleicht etwas schärfer, *besser* waren sie jedoch vor allem wegen der sagenhaften Landschaften der Ténéré. Ein zweiter Sprung nach vorn sollte 1994 folgen …

Die Anfangsjahre waren wirklich eine Ochsentour. Achim und ich mieteten selbst die Säle an, malten eigenhändig die Plakate, fotokopierten sie in einem Copyshop auf wüsten-, also sandfarbenes Papier und plakatierten »wild«. Und zwar klebten wir unsere Plakate mit Tesa – das war wichtig, denn so begingen wir keine Sachbeschädigung – an Hauswände oder Schaufensterscheiben. Anzeigen in Zeitungen waren zu teuer und die Redaktionen interessierten sich nicht für Vorträge – woran sich bis heute wenig geändert hat. Mit viel Glück landeten wir mal im Veranstaltungskalender oder in der Regionalzeitung erschien ein kleines Porträt, aber eine Medienpräsenz, die man so nennen hätte können, hatten wir nicht. Es waren Tausende winzig kleiner Schritte und das Aushalten von zwischenzeitlichen Rückschlägen nötig, um an den Punkt zu gelangen, an dem ich heute bin.

Trotz aller Abenteuerlust und Neugier auf Neues arbeitete ich mit Plänen – Tagesplan, Arbeitsplan, Wochenplan, langfristigem Plan,

Lebensplan –, auf die ich mich fokussierte und die ich konsequent verfolgte. Nur einmal geriet ich dabei auf Abwege. 1989 erhielt ich die Gelegenheit, während der 45 Drehtage zum Kinofilm *Schatten der Wüste* in der Republik Niger als Standfotograf zu arbeiten. Meine Aufgabe war, Fotos von bestimmten Filmszenen unter anderem für das Marketing zu machen. Ich musste also, nachdem eine Szene abgedreht war, nach wie vielen Versuchen auch immer, wenn die Scheinwerfer ausgeschalten waren, der Kameramann seine Kamera, der Mikrofonmann sein Mikro wegpackte, die Schauspieler, die heilfroh waren, dass die Szene im Kasten war und sich schon die Schminke aus dem Gesicht wischen wollten, motivieren, mir noch kurz ihre Aufmerksamkeit zu schenken, dem Beleuchter sagen, dass er seine Lampen noch mal anwerfen soll, damit ich die Szene nachfotografieren konnte … Eines Tages rastete einer der Darsteller aus und machte mich zur Schnecke, weil ich zu fotografieren gewagt hatte, während geprobt wurde. Mein Geklicke hätte ihn aus dem Konzept gebracht, sodass er den Text vergessen habe – was für meine Begriffe auch an seinem enormen Alkoholkonsum gelegen haben konnte.

Aber wenigstens konnte ich im Gefolge des Filmteams, das in dem riesigen Land Narrenfreiheit genoss, das Unmengen von Menschen anlockte und alle möglichen Genehmigungen hatte, auch das eine oder andere Bild für meine Vorträge abstauben. Natürlich fotografierte ich keine ausgeleuchteten Tuareg, sondern vielleicht die

Ich war Standfotograf bei einem Kinofilm

Tuareg, die am Set mitarbeiteten, oder ich durfte mit zu ihren Familien. Ich war sozusagen der Trittbrettfahrer. Eines wurde mir jedoch klar: Das ist der unkreativste Fotografenjob, den es gibt. Schon allein das stundenlange Herumstehen. Man hat nichts zu sagen … Trotzdem arbeitete ich danach noch in selber Funktion für viele Folgen der Fernsehserie *Die glückliche Familie* mit Siegfried Rauch und Maria Schell in den Hauptrollen; einfach, um Geld zu verdienen.

Kurz gesagt war mein Werdegang kein Sprint zum Erfolg, sondern ein Marathonlauf. Geholfen haben mir dabei vor allem zwei Dinge. Das eine war, dass ich das, was ich tat, auch selbst faszinierend, mitreißend, spannend fand – woran sich bis heute nichts geändert hat –, das andere war eine gewisse Unbekümmertheit in finanzieller Hinsicht. Meine Eltern waren beide Beamte, Angst vor Arbeitslosigkeit, finanzieller Not, Armut im Alter war in unserer Familie nie ein Thema. Ich vermute, dass mir das, neben dem liebevollen Zuhause, dem engen Zusammenhalt in der Familie, der Weltläufigkeit meiner Mutter, ihrer Offenheit gegenüber anderen Kulturen, die Sicherheit gab, mich hinaus in die Welt und auf den unsicheren Weg des freiberuflichen Fotografen und Vortragsreferenten zu wagen. Nicht, weil mich meine Eltern finanziell unterstützt oder im Fall des Scheiterns aufgefangen hätten, sondern weil ich nie Not erfahren habe, die sicherlich ein starker Motor ist, nach finanzieller Sicherheit zu streben. Jahrelang machte ich mir keine Gedanken über Rücklagen oder Altersvorsorge, der Saldo meines Kontos stand sogar immer auf der falschen Seite des Auszugs; ohne Dispokredit hätte ich meine Plakate nicht bezahlen, reisen, in neue Ausrüstung investieren, die Saalmieten vorfinanzieren können. Im Sommer 1995 musste ich meine Eltern sogar um eine Bürgschaft für einen höheren Dispokredit bitten. Da war ein Punkt erreicht, wo ich mir sagte, dass es so nicht weitergehen könne. Ich nahm mir vor, bis Weihnachten schuldenfrei zu sein – und schaffte es sogar schon im November.

# Aus dem beschaulichen Gersthofen in die weite Welt

Im Rückblick auf vier Jahrzehnte Reisen und Fotografieren sehe ich vor meinem geistigen Auge, wie sich, dem Drehen an einem Zoomobjektiv ähnlich, mein Blickfeld auf die Welt nach und nach erweiterte. Als Achim und ich nach vier Wochen Anreise mit dem Mofa in Marokko den Sahararand erreichten und in der Dünenlandschaft des Erg Chebbi standen, war ich fasziniert vom Anblick des schier grenzenlosen Sandmeers, das sich vor mir erstreckte, der Stille und dem einzigartigen Licht, wie man es nur in der Wüste findet, und mir wurde klar: Die Wüste mit ihren klaren Formen, ihrer Weite, dem freien Blick, den reduzierten, aber warmen Farben ist *meine* Landschaft. Das war meine Geburtsstunde als Wüstenfotograf.

In den folgenden Jahren erweiterte ich meinen Blickwinkel immer mehr: vom Sahararand hin zur ganzen Sahara, von der Sahara zu den anderen Wüsten Afrikas und schließlich zu den Wüsten des

Mein Freund Achim 1981 in Marokko

Dünen im algerischen Hoggar-Gebirge

ganzen Erdballs, die ihn in zwei Wüstengürteln umspannen. Dabei bilden die nordamerikanischen Wüsten und Halbwüsten, die Sahara, die arabischen, die mittelasiatischen und zentralasiatischen Wüsten den nördlichen Wüstengürtel und die chilenisch-peruanischen, die australischen und südwestafrikanischen Wüsten den südlichen.

Als ich alle Trockenwüsten kannte, drehte ich weiter am Zoomobjektiv, sodass nun auch die Eiswüsten der Arktis und Antarktis in mein Blickfeld kamen. So konnte ich dem Thema über Jahrzehnte treu bleiben und zugleich meinen Aktionsradius erweitern. Im Nachhinein betrachtet war dies auch strategisch die richtige Entscheidung. Hätte ich von Anfang an die ganze Welt fotografiert, hätte ich mich vermutlich nie als Fotograf profilieren können. Mit der Wüste hingegen hatte ich ein Alleinstellungsmerkmal, auch als Vortragsreferent. Dazu kam, dass die Menschen noch nicht von der Bilderwelt des Internet gesättigt waren, sodass ein Veranstaltungsplakat mit einer Düne ein regelrechter Blickfang war. Und ich hatte ein Sujet, das nicht nur mich, sondern auch die

Leute interessierte und faszinierte. Das war für mich die Starthilfe schlechthin, denn das Sujet hat direkten Einfluss auf den Erfolg eines Fotografen. Ich glaube, auf allen anderen Gebieten der Fotografie hätte ich komplett versagt. Tierfotograf? Dafür wäre ich viel zu ungeduldig, und da gab es schon damals viel zu viel Konkurrenz. Kriegsfotograf? Dafür wäre ich zu feige. Architekturfotograf? Zu technisch; ich hätte die stürzenden Linien und all das nie in den Griff bekommen. Modefotograf, Hochzeitsfotograf und dergleichen wäre erst recht nichts für mich gewesen.

Ich habe der Wüste viel zu verdanken. Mir als Mensch bot sie in meinem intensiven, manchmal hektischen Leben immer wieder die Gelegenheit, Ruhe zu finden. Ich empfand ihre Leere, die so ganz im Gegensatz zu unserem Leben in Europa steht, immer als wohltuend und angenehm. Fotografisch hat es mir die Wüste einfach gemacht.

Ihre Formen und Farben sind völlig anders als jene in gemäßigten Breiten, und sie sind immer besonders. Dazu ein Licht, das je nach Jahreszeit fahl, gleißend, warm oder hart sein kann. Und wenn ein Sandsturm aufzieht oder die Nacht hereinbricht, wird es oft genug spektakulär. Bald hatte ich auch genügend Erfahrung, um zur richtigen Jahreszeit loszuziehen, und entdeckte immer wieder für mich völlig neuartige Landschaften. Der Farben- und Formenschatz schien der Wüste nie auszugehen. Im Lauf der Jahre fotografierte ich allerdings auch immer öfter die Menschen der Wüste und war beeindruckt von ihrer mentalen Stärke und gleichzeitigen Sensibilität gegenüber der Natur und Mitmenschen. Sie gewährten mir Einblicke in Lebenswege, die so ganz anders verlaufen als in Europa.

Das Reisen in den Trockenwüsten ist bis heute ein Abenteuer geblieben. Fahrzeugpannen, Orientierungsprobleme oder der Umgang mit Behörden boten reichlich Gelegenheit, um Geschichten zu erleben, die ich in meinen Vorträgen erzählen konnte. Ich musste lediglich versuchen, von diesen Abenteuern auch Bilder nach

Schutz der Kamera vor Sand in der Rub al-Khali

Hause zu bringen, denn ich wusste, dass ich auf der Bühne keine Geschichte ohne passende Bilder erzählen kann.

Später, in den Kälte- und Eiswüsten, lagen die Dinge völlig anders. In mehrfacher Hinsicht. Eine Giftschlange oder einen Skorpion brauchte ich jetzt nicht mehr zu fürchten; dafür musste ich mich in der Arktis auf einmal mit der Existenz von Eisbären auseinandersetzen. Auf Spitzbergen etwa leben mehr von ihnen (über 3000) als Menschen (um die 2500). Man kann die Ortschaften nicht ohne einen bewaffneten Guide verlassen. Nachts, wenn die Blase drückt, sollte man ohne ein Gewehr nicht aus dem Zelt kriechen. Dann die Kälte. Kälte ist ja nicht nur die Kälte an sich; dazu kommt der Windchill-Effekt, der die gefühlte Temperatur gleich noch mal um einige Grad sinken lässt. Hitze empfand ich nie als bedrohlich, die Kälte im Eis aber hat mich richtig gepackt und flößt mir bis heute Respekt ein.

Bei meiner allerersten Reise ins Eis, 2010 nach Spitzbergen, verzichtete ich in meiner Unerfahrenheit trotz minus vierzig Grad für den Weg von der Unterkunft zu einem Lokal darauf, eine lange Unterhose anzuziehen, und schon nach wenigen Metern schmerzten meine Beine vor Kälte. Schlimmer noch war, dass mir im Lauf der Reise meine Nasenspitze übel erfror – und dann wieder und wieder, weil es beim nächsten Mal immer leichter passiert.

Aber nicht nur ich hatte mit der Kälte zu kämpfen. Als Erstes stieg mein Smartphone aus – bereits bei null Grad. Als Nächstes verabschiedete sich mein Notebook – immerhin erst bei minus fünf Grad. Die Kameras hingegen erwiesen sich zum Glück als kälteresistent. Ich hatte natürlich die Warnungen gehört, dass man sie immer am Körper tragen müsse, weil Kälte den elektrochemischen Prozess in den Akkus verlangsamt und sie sich dadurch schneller entladen. Profikameras haben jedoch große Lithium-Ionen-Akkus, und die sind offensichtlich sehr kälteunempfindlich, denn sie funktionierten anstandslos. Dafür machten die Objektive ab minus vierzig Grad Schwierigkeiten. Das Schmierfett wurde so zäh, dass sie sich nur noch mit Gewalt drehen ließen; das bedeutete, dass ich die Brennweite kaum mehr verstellen und dass ich manchmal nicht einmal mehr scharf stellen konnte. Ich hätte die Objektive zwar anders schmieren lassen können, aber da ich auf den Reisen zwischen kalten und heißen Wüsten wechselte, hätte das keinen Sinn ergeben. In Jakutien setzte bei minus fünfzig Grad der Verschluss der Kamera aus und zeigte »Error« an; aber das war es auch schon an technischen Problemen.

Der größte Feind des Fotografierens in der Kälte ist interessanterweise die Wärme. Wenn ich meine Kameras in eine warme Hütte bringe oder auch nur in ein von einem Kocher leicht erwärmtes Zelt, beschlagen sofort die Objektive. Wenn man sie wieder nach draußen

Polarbären waren für mich eine neuartige Gefahr

in die Kälte trägt, bevor sie komplett trocknen konnten, gefriert der Beschlag und man hat eine Eisschicht auf dem Objektiv. Das größere Übel ist, wenn sich zwischen den Linsen Kondenswasser bildet, denn das heißt in der Regel, dass man das Objektiv zu einem Reparaturservice bringen muss, wo es auseinandergebaut und fachmännisch getrocknet wird. Und wer will das schon. Ich lernte schnell, dass die Kameras und Objektive draußen besser aufgehoben waren, und nahm nur die Akkus mit in die Wärme – sowie die Speicherkarten, um die Bildausbeute des Tages am Notebook anzuschauen.

Als sehr wohltuend empfand ich, dass das Reisen auf einmal sicher war. Von Eisbären abgesehen, gab es keine Probleme. In der Arktis gibt es keinen Terrorismus, praktisch keine Kriminalität – und die Antarktis ist sogar noch sicherer, weil sie bis auf die Wissenschaftler in den Forschungsstationen unbewohnt ist. In Tadschikistan, Tschad oder Mali mache ich mir um meine Sicherheit definitiv mehr Gedanken als in Grönland.

*Planet Wüste*, wie ich das Projekt in Anspielung darauf nannte, dass fast die Hälfte der Landoberfläche der Erde von Trockengebieten, Kälte- und Eiswüsten eingenommen wird, war in mehrfacher Hinsicht ein ehrgeiziges Projekt. Das betraf nicht nur die viele Zeit, die unzähligen Reisen und die Mühe, die ich darauf verwendete, sondern auch die geografische Bandbreite und die schwierige zeitliche Abstimmung der jeweils besten Reisezeit für die verschiedenen Regionen. Welch großer Druck dadurch auf mir lag, wurde mir selbst erst am Ende bewusst.

Von Ushuaia in Argentinien flogen meine Frau Elly und ich über Buenos Aires und Madrid nach Frankfurt; dann von Frankfurt nach Oslo und von Oslo nach Spitzbergen – also von der Antarktis direkt in die Arktis –, wo am 20. März 2015 eine totale Sonnenfinsternis zu sehen sein sollte. Ich dachte, das könnte eine ideale Schlusssequenz des Vortrags sein. Wir trafen am 18. März in Spitzbergen ein und mussten feststellen, dass wir nicht die Einzigen

Meine Frau Elly auf dem winterlichen Baikalsee

waren, die dieses Himmelsereignis hier beobachten wollten. Der Hauptort Longyearbyen mit seinen gerade mal 2100 Einwohnern erwartete über 10 000 Besucher. Sämtliche Gästezimmer waren längst ausgebucht, aber Matratzen waren noch frei. Elly und ich wurden neben dem Billardtisch in einem Speisesaal untergebracht und zahlten hundert Euro je Matratze und Nacht. Der Blick auf den Wetterbericht verdross mich noch mehr: Schneefall, Schneefall, Schneefall über Tage. Unsere Matratzennachbarn, ein junges Pärchen, leidenschaftliche Sonnenfinsternisjäger, waren dennoch optimistisch: »We will have perfect weather«, versuchten sie mich zu beruhigen. Auch andere Finsternisveteranen, die schon fünfzehn und mehr dieser Ereignisse erlebt hatten, waren zuversichtlich. Und sie sollten recht behalten.

Am Morgen des 20. März war der Himmel stahlblau. Ich hatte am Tag zuvor für Elly und mich ein Snowmobil und, wie vorgeschrieben, einen Guide gebucht, denn ich wollte mich, wenn es so weit war, nicht mit all den anderen in den Straßen der Stadt drängen; ich wollte hinaus auf die Gletscher. Die ersten Anzeichen der Sonnenfinsternis zeigten sich bereits, als wir endlich einen geeigneten Platz fanden. Mein Traum war ein Bild von der schwarzen Sonne am Dämmerungshimmel über dem Gletscher. Dazu brauchte ich ein Weitwinkelobjektiv. Ich schraubte es auf, machte ein erstes Bild – und sah auf dem Display einen riesigen Hof um die Sonne, der dort nicht sein sollte.

Offensichtlich hatte das Objektiv in der *Antarktis* Feuchtigkeit gezogen, sodass sich nun in der Kälte Spitzbergens Tau zwischen den Linsen gebildet hatte. Eineinhalb Stunden vor dem Finsternishöhepunkt war mein wichtigstes Objektiv unbrauchbar. Panik stieg in mir auf. Mir fiel nichts anderes ein, als das Objektiv in den Auspuff des Snowmobils zu halten – und ich stellte zu meiner Erleichterung fest, dass sich der Tau auflöste. Gut. Nun stand ich mit zwei Fotokameras bereit: eine mit dem Weitwinkel-, die andere mit einem Teleobjektiv. Aber als es nun immer dunkler wurde, bemerkte ich, dass das Weitwinkel erneut anlief, sobald ich die Kamera gegen die Sonne richtete. Immer wieder startete ich das Snowmobil, trocknete das Objektiv nach und wurde immer hektischer. Kurz vor der Totalitätsphase schleuderte ich das Objektiv von mir, sodass es etliche Meter über den Gletscher rollte, und griff notgedrungen auf ein weniger geeignetes Weitwinkelobjektiv zurück. Zu allem Überfluss hatte ich nun keine Zeit mehr für Vorbereitungen oder

Totale Sonnenfinsternis am 20. März 2015 in Spitzbergen

Probebilder, denn die Totalitätsphase sollte nur zwei Minuten und achtundzwanzig Sekunden dauern. Ich musste mich auf die Belichtungszeiten verlassen, die mir ein anderer Fotograf am Abend vorher in einer Bar genannt hatte: eine Sekunde, anderthalb Sekunden – was sich als völlig falsch erwies. Die Bilder waren total überbelichtet, nur weiß, weiß, weiß. Jetzt verlor ich komplett die Nerven, bekam meine zitternden Finger beim Auslösen kaum unter Kontrolle. Als die Sonne hinter dem Mond hervorblitzte und die Finsternis vorbei war, schaute ich mir die Bilder auf dem Display an – und stellte fest, dass mir in den letzten zehn Sekunden immerhin vier Bilder gelungen waren, die richtig belichtet waren. Zwei zeigten die Corona und zwei weitere, die ich mit dem trockenen Ersatzweitwinkel gemacht hatte, die schwarze Sonne über dem Gletscher. In diesem Moment fiel die ganze Anspannung – aus dem Ärger mit dem Anlaufen, der Fehlbelichtung, aber auch aus den letzten vier Jahren, den vierzig Reisen, den hohen Kosten – von mir ab. Ich nahm danach zwei Jahre, bis zum Sommer 2017, keine Kamera mehr in die Hand.

Mit *Planet Wüste* war der Punkt erreicht, an dem ich alle Trocken- und Eiswüsten dieser Erde bereist hatte. Um dem Thema treu zu bleiben, hätte ich nun entweder mit weniger faszinierenden Wüstenmotiven weitermachen müssen. Es gibt halt nur die eine »Wave« in Arizona, nur das eine Sossusvlei in Namibia, nur ein Arakao in der Sahara – und auch die stärksten Motive im Eis hatte ich vermutlich im Archiv. Oder ich hätte versuchen müssen, die Wüste besser zu fotografieren. Beides erschien mir schwierig, also erweiterte ich erneut das Blickfeld. So nahm ich die gesamte Erde mit ihren weiteren Naturlandschaften wie etwa Regenwälder, Vulkane, Hochgebirge, Steppen und maritime Landschaften in den Fokus. Ich habe es immer als großes Privileg empfunden, dass ich mir meine Projekte selbst finanzieren konnte und damit sämtliche Freiheiten hatte, vor allem die Freiheit, mich von meinen eigenen Interessen, von meiner Begeisterung leiten zu lassen. Auch *Terra* war von Anfang an ein Projekt, das mich faszinierte. Es erlaubte mir einen völlig neuen Blick, es befriedigte meine Neugier auf die Welt und meine Abenteuerlust, und es entfachte meine Motivation wieder neu.

So konsequent das erneute Erweitern des Blickwinkels auch war, begab ich mich thematisch und fotografisch wieder auf ein völlig neues Terrain. Meine jahrelange Erfahrung in der Wüste nutzte mir nur begrenzt und ich musste viel dazulernen. Das galt insbesondere für den Regenwald. In der Wüste und im Eis ist die beste Zeit fürs Fotografieren von kurz vor Sonnenaufgang bis zum späten Morgen, dann wieder nachmittags, wenn die Sonne niedrig steht, wenn die Farben warm sind, mehr Gelbanteil im Licht ist, die Schatten länger werden und dadurch Konturen stärker hervorkommen. Im Regenwald spielt die Tageszeit kaum eine Rolle. Wenn es überhaupt eine optimale Zeit zum Fotografieren gibt, ist es eher um Mittag. Die Sonne steht dann am höchsten und es dringt mehr Licht durch das dichte Blätterdach bis zum Boden. Wo Motive in der Wüste geradezu ins Auge springen, zum Beispiel eine neolithische Reibeschale, musste ich sie im Regenwald erst einmal *sehen*. Es ist gar nicht so einfach, im dichten Gewirr aus Blättern, Zweigen und Ranken einen kleinen Giftfrosch oder einen Kolibri zu entdecken.

Und während sich die Reibeschale in der Wüste ganz von allein vor dem Hintergrund abhebt, musste ich mich im Regenwald daran gewöhnen, mit geringer Schärfentiefe zu arbeiten, wenn ich Motive vor dem unruhigen und überbordenden Hintergrund herausheben wollte.

Parallel mit der Ausdehnung meines Aktionsradius erweiterte sich auch die Palette an Motiven. Viele Menschen denken bei Wüste an Dünen. Und Dünen sind natürlich ein wunderbares Fotomotiv mit einer enormen Vielfalt. Es gibt Sicheldünen, Längs- und Querdünen, stern-, kreuz- oder pyramidenförmige Dünen, kleine, mittelgroße und die spektakulären Draas – das

Der Amazonas-Regenwald stellte mich vor völlig neue Herausforderungen

sind Riesen- oder Megadünen. Das Farbspektrum reicht vom strahlenden Weiß der aus Gipssand gebildeten Dünen im White-Sands-Nationalpark in New Mexico über verschiedene Sandfarben bis hin zu kräftigem Orange. Je nach Tageszeit variieren das Licht und das Schattenspiel. Die mal glatten, mal geriffelten Hänge, die mal abgerundeten, mal scharfen Grate werden immer wieder anders ins Bild gesetzt und zaubern so neue Stimmungen. Aber die Wüste bietet viel mehr als Sand und Dünen. Nur etwa ein Fünftel der Wüsten sind Sandwüsten, und davon sind lediglich die Hälfte Dünenlandschaften. Der große Rest besteht aus Geröll-, Kies- und Gebirgswüsten; wobei gerade in Letzteren atemberaubende Motive zu finden sind. Das Tibesti-Gebirge im Norden des Tschad zum Beispiel ist mit seinen faszinierenden Felsenformationen ein Eldorado für jeden Fotografen.

Das gleiche fotografische Potenzial wie die Wüste hat das Eis. Die niedrig stehende Sonne und der Schnee, der das Licht reflektiert, bringen eine wunderbare Verstärkung der Lichtverhältnisse. Den Dünen als attraktivem Motiv entsprechen in der Arktis und Antarktis die Eisberge. Sie sind nicht einfach nur weiß. Je nach Wetter, Tageszeit und Alter beziehungsweise Dichte des Eises bieten sie ein grandioses Farbspiel in verschiedensten Blau-, Grün-

Die beiden Symbolmotive für Wüste und Polarregionen

und Weißtönen. Was die Formen betrifft, sind sie sogar noch vielfältiger als Dünen. Manche ähneln Bergen, andere sind flach wie eine Tischplatte, wieder andere formen Brücken oder bilden Skulpturen, die an Salvador Dalí erinnern. Und wie die Trockenwüste weit mehr als nur Dünen zu bieten hat, haben die Polarwüsten mehr als nur Eisberge auf dem Programm. Gletscher (egal, ob die gewaltigen Eisschilde oder die kleineren Eiskappen), Eisschelfe, Eisströme, Meereseis – das sind alles wunderbare Motive.

Aber so abwechslungsreich, vielfältig und faszinierend die Landschaften im Eis auch waren: Bei anderen Motiven musste ich Abstriche machen. In der Arktis war es zum Beispiel weit schwieriger als in Afrika, Menschen zu fotografieren, die noch einen traditionellen Lebensstil pflegen. Abgesehen davon, dass viele Inuit und andere Indigene dieser Region ohnehin stark assimiliert sind, sind viele von ihnen eher zurückhaltend und misstrauisch; oft auch deswegen, weil sie schlechte Erfahrungen mit den Weißen gemacht haben. Mit dem Fotografieren von »Naturvölkern« (ich verwende diesen Begriff bewusst, und zwar im Sinne von Menschen, die in, von und mit der Natur leben) will ich nichts idealisieren, sondern die letzten Reste alter Kulturen und traditionellen Lebens festhalten. Auf meine Gründe dafür gehe ich später noch ein.

In der Antarktis stellte sich diese Frage nicht, denn sie ist, wie gesagt, bis auf die Forschungsstationen unbewohnt. Nicht einmal Landtiere gibt es dort, sieht man von der Flügellosen Zuckmücke ab, die mit einer Größe von zwei bis sechs Millimetern das größte Landtier der Antarktis ist – und nicht gerade hübsch, also nicht das, was man sich als Fotograf an Motiv erhofft. Aber ich erzähle mit meinen Bildern ja nicht nur von Landschaften und Menschen, sondern auch von der Reise. Dabei gibt es manchmal spektakuläre Fehlschläge. Da sich etwa das Motorrad in der Vergangenheit als ein unschlagbares Motiv erwiesen hatte, unternahm ich sogar mitten im Winter Reisen auf zwei Rädern, eine zum Beispiel in der kanadischen Arktis, eine andere in der eiskalten Mongolei. Doch das Motorrad erwies sich als denkbar ungeeignet für Eis und Schnee, und es macht auch nicht wirklich Spaß, bei minus dreißig oder vierzig Grad im eisigen Fahrtwind zu sitzen.

Mit dem Blick auf die *gesamte* Erde im Rahmen von *Terra* änderten sich die Motive überhaupt grundlegend. Manche Regionen stellten mich als Fotograf vor völlig neue Herausforderungen. Um zum Beispiel Regenwald zurückzukommen: Hier gibt es natürlich keine offenen, weiten Landschaften mit klaren Formen. Auch vielfältige Lichtstimmungen sind dort selten, weil es entweder regnet oder bewölkt ist. Und so rückten stattdessen unweigerlich mehr die Tiere und Pflanzen in meinen Fokus – beides Themenfelder, die ich bis dahin allenfalls am Rande gestreift hatte. Am Boden fühlte ich mich zeitweise von dem vielen Grün umzingelt und war froh, wenn ich dank meiner Fotodrohne den Blick wieder mal schweifen lassen konnte.

Generell erwies sich die Drohne, die ich erstmals für *Terra* einsetzte, als eine Art Zauberstab: Mit ihr konnte ich die ungeheuren Weiten der Steppen und Tundren erfassen. Das fand ich deshalb wertvoll, weil diese ebenen, unbewaldeten Flächen fotografisch reizlos sind, sofern sie nicht, wie häufig in der Mongolei, von Dünengebieten oder Gebirgszügen unterbrochen werden oder ein See einen blauen Tupfer hineinsetzt. Auch in den maritimen Regionen, genauer in Polynesien, leistete mir die Drohne gute Dienste. Vom Boden aus hätte ich nur die schon zur Genüge bekannten Palmen und Sandstrände fotografieren können. Aus der Luft hingegen fing ich die oft spektakulären Farbverläufe des Meeres und die verschiedenen Sandstrukturen ein.

Den vielen guten Unterwasserfotografen Konkurrenz machen zu wollen, erschien mir unsinnig – zumal ich erst das Tauchen hätte lernen müssen. Das Wasser in Polynesien ist jedoch derart klar, dass sogar Aufnahmen vom Boot aus erstaunliche Ergebnisse brachten. Natürlich gab es auch hier den einen oder anderen Fehlschlag. Einmal wollte ich in einer Blauen Grotte im Süden Vanuatus fotografieren, deren Eingang dicht unter der Wasseroberfläche liegt. Zur Mittagszeit sollte dort ein Lichtstrahl durch ein Loch in der Decke aufs Wasser fallen und die Höhle in ein besonderes Licht tauchen. Nach einer einstündigen wilden Bootsfahrt über aufgewühltes Meer ankerten wir vor der Grotte, und ich sprang ins Wasser. Elly reichte mir die Plastikbox, in die ich meine Nikon D850 mit Objektiv gepackt hatte, und ich kämpfte mich, die Box vor mir herschiebend, zur Grotte durch. In einem Wellental durchschwamm ich den Eingang zur Grotte und schaute mich gespannt um. Kein Lichtstrahl. Es war, wie sich im Nachhinein herausstellte, die falsche Jahreszeit. Ich zog mich auf einen Felsen, um nach all der Mühsal wenigstens ein paar Fotos zu machen, wenn auch ohne Lichtstrahl, und öffnete die Plastikbox, um die Kamera herauszu-

Im Südpazifik verlor ich eine Kamera durch eine undichte Box

holen. Mich traf beinahe der Schlag. Das Salzwasser stand fünf Zentimeter hoch in der angeblich wasserdichten Box. Und mir war klar: Totalschaden.

Das war bereits meine zweite Kamera, die dem Wasser zum Opfer fiel. Als ich noch von Leica gesponsert wurde, saß ich eines Nachmittags mit einer überaus wertvollen digitalen M8 am Ammersee auf einem Steg. Beim Aufstehen trat ich mit einem Fuß auf den herunterhängenden Kameariemen und riss mir die Kamera aus der Hand. Statt auf den Steg fiel das edle Stück in den See, der an dieser Stelle gut fünf Meter tief ist. Vollbekleidet sprang ich sofort hinterher und fand die Kamera am Seegrund, wo sie wie eine antike Amphore aus dem Schlamm ragte. Das Gehäuse war irreparabel zerstört. Nur das ebenfalls sündhaft teure Objektiv war zu retten.

Die Vulkane boten eine ganze Palette an Motiven, und das beinahe zu jeder Tageszeit: am Tag sprudelnde heiße Quellen, blubbernde Schlammlöcher, Dampfschwaden, die im Gegenlicht der aufgehenden Sonne oder am späten Nachmittag besonders gut zur Geltung kommen, bunte Ablagerungen – von gelbem Schwefel über grünes Magnesium bis hin zu schwarzem Obsidian –, in der Nacht brodelnde Lavaseen wie am Erta Ale in Äthiopien oder Eruptionen von Lava wie am Vulkan Yasur im Archipel von Vanuatu, die bei langer Belichtungszeit herrliche Leuchtspuren in den dunklen Himmel zeichnen. Ich erlebte aber auch Vulkane in eisiger Kälte.

Bei Vulkanen denken die meisten Menschen bei uns vermutlich als Erstes an den Vesuv und den Ätna, vielleicht noch an den Fuji in Japan oder den einen oder anderen Vulkan auf Hawaii, doch kaum einer denkt an Kamtschatka. Dabei ist die Halbinsel im Nordosten Sibiriens Teil des sogenannten Pazifischen Feuerrings. 160 Vulkane gibt es dort. Davon werden etwa dreißig als aktiv eingestuft, und durchschnittlich sechs pro Jahr brechen aus.

Im tiefsten Winter waren mein Freund und Mitfotograf Jörg Reuther dort mit Witalij in seinem Kettenfahrzeug sowie den wintererfahrenen Guides Artjom, Schenja und Sascha auf ihren Schneemobilen unterwegs. Man hatte mich vor den schnee- und sturmreichen Wintern in Kamtschatka gewarnt, und tatsächlich war es sehr stürmisch. Auf der meterhoch verschneiten Passhöhe zwischen den beiden Vulkanen Korjakski und Awatschinski, einem Gebiet mit herrlichen Motiven, wehte ein Sturm mit Windstärke zehn, sodass wir uns kaum auf den Beinen halten konnten. Nach drei Stunden fuhren wir durchgefroren in eine tiefer gelegene Hütte, in der wir einen gemütlichen Abend verbrachten, nicht ahnend, dass wir wegen des Sturms zwei Tage dort festsitzen würden. Anschließen waren uns ein paar sturmfreie Tage vergönnt, bevor erneut ein stürmischer Wind aufkam und es auch noch heftig zu schneien begann.

In der darauffolgenden Nacht steigerte sich der Sturm zum Orkan. Am nächsten Morgen war an die für diesen Tag geplante Rückfahrt nicht zu denken. Artjom warnte uns eindringlich vor einem Gang zum Toilettenhäuschen. Nur um Schnee zu holen, der auf dem Ofen zu Trinkwasser geschmolzen wurde, wagten sich unsere Begleiter nach draußen. Während Schnee scheinbar unbegrenzt zur Verfügung stand, ging das mitgebrachte Holz zur Neige. Kurzerhand verarbeiteten die Guides eine Bank und ein Regal mit einem Beil zu Brennholz. So ließ sich die Temperatur immerhin bei null Grad halten. In Daunenjacken aßen wir die letzten Vorräte. Dann krochen wir in unsere Schlafsäcke und hofften auf besseres Wetter. Um vier Uhr morgens weckte mich die Stille. Der Sturm war eingeschlafen. Ich rüttelte die anderen wach, und sofort packten wir unsere Sachen zusammen, um das womöglich nur kurze Zeitfenster nicht zu verpassen. Als wir aufbrechen wollten, sprang Witalijs Kettenfahrzeug nicht an, weil der Zahnriemen aufgrund seiner Steifigkeit verrutscht war. Jetzt wurde es ungemütlich.

Die russische Halbinsel Kamtschatka ist bekannt für Stürme

Die Essensvorräte waren aufgebraucht, und Brennholz ließe sich nur noch gewinnen, wenn wir Hand an die Hütte selbst legen würden. Trotz Dunkelheit und klirrender Kälte begann Witalij, den Zahnriemen auszubauen. Nach vier Stunden hatte er ihn am Ofen erwärmt und geschmeidig gemacht, neu justiert, wieder eingebaut, und wir konnten bei traumhaftem Wetter endlich die Rückreise antreten. Zwei Tage später kehrten wir zurück nach München, wo man Jörg und mir von der sibirischen Kälte berichtete, die Deutschland wochenlang im Griff gehabt hatte.

Den größten Fundus an Motiven für *Terra* fand ich im Hochgebirge. Wobei die Gebirge nicht nur selbst die Motive waren, sondern höchst unterschiedliche Perspektiven boten: Blicke in tiefe Schluchten, in mal karge, mal fruchtbare Täler, auf gemächlich dahinfließende oder reißende Flüsse und natürlich über den weiten Horizont. Die längste Gebirgskette der Welt sind die Anden. Sie ziehen sich von den Tropen bis an die Südspitze Südamerikas, wo sie nur noch knapp tausend Kilometer von der Antarktis trennen,

Ein Kettenfahrzeug bringt uns zu den Vulkanen Kamtschatkas

und sind mit ihren abwechslungsreichen Motiven ein Paradies für Fotografen: die majestätische Cordillera Blanca, der Salar de Uyuni, die größte Salzpfanne der Erde, mit immer wieder aufs Neue faszinierenden vieleckigen Mustern in der schneeweißen Salzkruste, das Geothermalgebiet Sol de Mañana, türkisgrüne oder von Algen rot gefärbte Lagunen, Flamingos und die teilweise meterhohen Eiszacken des Büßerschnees, Indios in ihren traditionellen Gewändern …

Ebenso hat der Himalaja einem Fotografen viel zu bieten. Abgesehen von seinen spektakulären Bergen, sind die vielen Bergvölker mit ihren Trachten und die buddhistischen Klöster interessante Motive. Und oft sorgt im Hochgebirge allein schon das Wetter für außergewöhnliche Aufnahmen; wenn etwa die Spitzen der Berge aus der Nebeldecke wie Inseln aus einem weißen Meer hervorragen oder schneebedeckte Gipfel sich gegen tiefschwarze Gewitterwolken abzeichnen.

# Motive im Wandel der Zeit

Die Welt vor der Kamera war in den achtziger Jahren eine ganz andere als heute. Das gilt für Deutschland, das noch eine Industrie- und keine Informationsgesellschaft war, wo es kein Internet, keine Mobiltelefone gab, aber noch viel mehr für die Länder Afrikas, meine damaligen Reiseziele. Die Veränderungen in den vergangenen Jahrzehnten – sei es durch gesellschaftlichen Wandel, technischen Fortschritt, wirtschaftliche Globalisierung, politische Umwälzungen oder durch Klimawandel – sowohl in den afrikanischen Ländern als auch in den Weltregionen, die ich später bereiste, hatten nicht nur großen Einfluss und erhebliche Auswirkungen auf die betroffenen Menschen, sondern ebenso auf meine Arbeit als Fotograf, da sie die Motivlage grundlegend geändert haben.

Wer heute nach Marokko fährt, 1981 mein erstes Ziel als angehender Reisefotograf, findet ein dichtes Teerstraßennetz und ein flächendeckendes Mobilfunknetz vor. Selbst im kleinsten Dorf kann man sein Smartphone oder Tablet aufladen, da das Stromnetz das gesamte Land überzieht. Man begegnet Menschen, die dieselben Modemarken tragen wie in Europa oder, falls sie zu den Ärmeren gehören, Altkleidung aus Europa oder Billigware aus China.

Vor vierzig Jahren sah Marokko komplett anders aus. Die Straße der Kasbahs, eines der heutigen Haupttouristenziele, war nicht durchgängig geteert, es gab kaum Bauten aus Beton, stattdessen prägten Lehmhäuser das Bild. Viele Dörfer hatten keinen Strom. Die Bevölkerung arbeitete hauptsächlich in der Landwirtschaft, wie seit Jahrhunderten mit dem Ochsen vor dem Pflug und dem Esel als Transportmittel.

Das Marokko von 1981 unterschied sich grundlegend von heute

Ein Bild, das ich bis heute vor Augen habe, ist ein Bauer in einer Djellaba, dem bis zum Boden reichenden Überwurf aus Wolle mit der für Marokko typischen spitzen Kapuze, der seinen schwer beladenen Esel vom Feld nach Hause führte. Das damalige Marokko empfand ich als sinnlich, exotisch, ein Land wie aus *Tausendundeiner Nacht* – und in allem so völlig anders als Europa.

Am auffälligsten ist für mich der Wandel in dem winzigen Dorf Merzouga. Es liegt direkt am Rand des Erg Chebbi und ist daher ein idealer Ausgangspunkt sowohl für kurze Trips als auch für mehrtägige Ausflüge in die Wüste. Westlich der Teerstraße reihen sich in dem lang gestreckten Ort mehrere Zeilen von Lehmhäusern, östlich der Straße trennt nur ein schmales Band steinigen Bodens den Besucher vom Dünenfeld. Bei meinem ersten Aufenthalt bestand der lang gestreckte Ort aus kleinen einfachen Bauten. Den Touristen wurde nicht viel geboten: Man konnte warme Getränke kaufen und fand mit etwas Glück in einem der Häuser eine Übernachtungsmöglichkeit. Was es allerdings schon scharenweise gab, waren selbst ernannte Guides, die über jeden neu ankommenden Touristen herfielen. Um den Kopf hatten sie sich irgendwie ein blaues Tuch geschlungen und gaben sich als Tuareg aus, obwohl es in Marokko gar keine Tuareg gibt.

Im Jahr 2005 kehrte ich mit meinen Kindern David und Gina nach Merzouga zurück – und erkannte es kaum wieder. Obwohl der Ort nur 500 Einwohner hat, gab es nun zig Reiseagenturen, Restaurants, Cafés und Hotels, etliche sogar mit Swimmingpool und Wellnessbereich. Welchem Ansturm Merzouga ausgesetzt war, sah man am deutlichsten an den leeren Wasserflaschen, Chipstüten und sonstigem Müll, der nicht nur den Ort, sondern auch die Dünen verunstaltete. Den Einheimischen konnte ich keinen Vorwurf machen; sie hatten noch nie von Umweltschutz gehört. Und viele Touristen waren offenbar der Meinung – wie ich nicht nur einmal zu hören bekam –, die Wüste sei ja ohnehin Ödnis, da könne man nichts mehr kaputt machen. Weit gefehlt. Die Wüste mag auf den ersten Blick leer und »unverwüstlich« erscheinen, dennoch kann in ihr sogar *sehr viel* zerstört werden, denn es sind gerade die extremen Ökosysteme, die besonders empfindlich sind.

Auch viele weitere Länder Afrikas erlebte ich noch zu einer Zeit, als die Globalisierung noch nicht Einzug gehalten hatte. Während sich die meisten von ihnen seither stark gewandelt haben, scheint in den ärmsten Regionen oft die Zeit stehen geblieben zu sein. Armut verhindert den Wandel kultureller und sozialer Strukturen, zumindest bremst sie ihn. In Mali oder Tschad beispielsweise führen die meisten Einheimischen nach wie vor ein von Traditionen geprägtes Leben. Sie wirtschaften und feiern nach überlieferter Weise und singen alte Lieder. Selbst in den Städten, üblicherweise die Taktgeber der Modernisierung, sieht man noch viele ursprünglich gekleidete Menschen – vor allem Frauen –, was auch daran liegt, dass die Männer nicht wollen, dass sich ihre Frauen modern kleiden; nicht einmal, wenn die Männer selbst Jeans und Turnschuhe tragen.

Armut behindert aber nicht nur Aufklärung und Bildung, sie führt auch zu Fatalismus und ermöglicht nicht zuletzt dadurch die Ausbreitung extremistischer Gruppierungen wie Boko Haram, eine der vielen islamistischen Terrorgruppen, die sich vor allem in den armen Ländern der Sahelzone festgesetzt haben. Meine letzte Reise in diese Region wagte ich im Jahr 2014. Seit die Terrormilizen aber mit immer größerer Brutalität zuschlagen, ist mir das Risiko, ihnen in die Hände zu fallen, zu hoch.

In der Ténéré sah ich 1990 die letzten Karawanen der Sahara

Es war wohl das Fernsehen, das die Menschen in den Ländern, die in den vergangenen vier Jahrzehnten den Schritt vom Entwicklungs- zum Schwellenland machten, zuerst darauf brachte, dass es auch ganz andere Lebenskonzepte gibt, andere Musik, eine andere Art sich zu kleiden … Fernseher waren zu Beginn der achtziger Jahre noch eine Attraktion. In dem einen oder anderen größeren Ort gab es mal einen Krämer, der vor seinem kleinen Laden einen kleinen Transistorfernseher stehen hatte: Dutzende Leute sammelten sich um das Gerät und bestaunten das Programm wie ein Wunder. Dann kam das Internet. Es hatte und hat bis heute einen weit stärkeren Einfluss, als das Fernsehen je haben konnte. Da die meisten Menschen in Afrika wegen maroder Netze die Festnetz-Ära einfach übersprungen haben, sind Smartphones und mobiles Internet weitverbreitet. In Afrika gibt es mehr SIM-Karten als in Amerika, und Mali hat, obwohl es zu den ärmsten Ländern der Welt gehört, eine fast hundertprozentige Mobilfunkabdeckung in den besiedelten Gebieten. Äthiopien, ebenfalls ein riesiges Flächenland, hat ein durchgehendes 4-G- und in einigen Landesteilen ein LTE-Netz, das indes in Teilen abgeschaltet wird, wenn es Unruhen gibt.

Ich will das Afrika der achtziger Jahre keineswegs idealisieren. Mir ist durchaus bewusst, dass es für mich hauptsächlich fotografisch attraktiv war und die modernen Zeiten für die Einheimischen eine deutliche Verbesserung der Lebensverhältnisse brachten. Ein Bauer in einer Djellaba hinter dem Pflug oder ein paar Tuareg im knöchellangen, kunstvoll verzierten Tekatkat, dem traditionellen Übergewand, und mit dem typischerweise indigoblauen Tagelmust, dem auch Cheich genannten Schleierturban, auf ihren Pferden haben nun mal mehr Ausstrahlung und Flair, als wenn sie Cargohose und T-Shirt anhätten oder auf Mofas sitzen würden. Ein Lehmbau oder Mattenzelt strahlt mehr Harmonie mit der Natur aus als ein Betonbau, eine Wellblechhütte oder ein Plastikzelt, und eine Petroleumlampe gibt ein viel schöneres Licht als eine Neonleuchte.

Auch finde ich eine Frau mit einer Kalebasse oder einem Tonkrug auf dem Kopf fotogener als eine, die einen Plastikkanister balanciert. Ich gebe offen zu, dass das eine verklärende und romantisierende Sicht ist. Aber, wie schon gesagt, versuche ich solche Bilder festzuhalten, bevor sie für immer verschwunden sind. Wir Europäer würden die ärmeren Länder Afrikas – und ebenso Lateinamerikas oder Asiens – am liebsten als Museum erhalten. Das führt

Handy-Reparaturladen in Niger

Frauen in Rajasthan tragen Wasser vom Brunnen in ihr Dorf

zu dem sich selbst verstärkenden Kreislauf, dass ich und andere Reisefotografen bis heute versuchen, das Traditionelle einzufangen, und damit eigentlich ein falsches Bild der Wirklichkeit zeigen. Ich trage zu diesem romantisierenden Bild durch die speziellen Motive und durch meine Auswahl an Locations bei. Denn ich fotografiere nicht in Neu-Delhi, sondern irgendwo in Zanskar oder in Allahabad und versuche jene letzten Ecken aufzuspüren wo noch traditionelles Leben zu finden ist.

Man kann es auch positiv sehen: Ich zeige damit die Würde dieser Völker und ihre Geschichte. Das ist ein Anliegen, das zunehmend schwieriger umzusetzen ist. Zwar haben viele Einheimische, die sich modern kleiden, noch eine Tracht zu Hause, aber nie würde ich etwa einen Massai darum bitten, sich seinen roten Umhang überzuwerfen und zum Speer zu greifen. Ich würde allerdings auch keinen Massai in einer kenianischen Lodge fotografieren, der sich für den abendlichen Tanzauftritt am Pool »schöngemacht« hat, oder einen Menschen aus dem Volk der San in einem sogenannten

Lebenden Museum in Namibia, der sich, wenn sich eine Touristengruppe ankündigt, schnell umzieht und seine alten Jagdtechniken vorführt, während er die übrige Zeit in westlicher Kleidung herumläuft und sich sein Essen im Dorfladen kauft. Auch hier will ich nichts verurteilen; solche Jobs bescheren den Leuten ein auskömmliches Leben in ihrem Familienverband, statt von Almosen abhängig zu sein (darauf liefe es nämlich heutzutage oft hinaus). Wenn ich aber einen Massai in seinem roten Umhang und mit Speer auf der Weide mit seinen Kühen sehe, drücke ich auf den Auslöser, denn dann ist es sowohl ein authentisches als auch vielleicht unwiederbringliches Bild. So zeige ich Realität, wenngleich nur in einem unheimlich kleinen Ausschnitt.

Auch die Zwischenwelt mit traditionellen Elementen und modernen Strukturen oder auch nur einzelnen modernen Elementen hat für mich fotografisch ihren Reiz. Die Nenzen in Sibirien zum Beispiel, nomadische Rentierhirten, nutzen zwar Snowmobile und Satellitentelefone, trotzdem sind sie als Motiv faszinierend, weil zum Beispiel die Art, wie sie ihr Tschum, ihre Spitzjurte, bauen oder ihre Rentiere halten, traditionell geblieben ist. Da ist dann unter Umständen mal ein Snowmobil im Bild, das einen alten Holzschlitten hinter sich herzieht.

Ähnliches erlebte ich in der Mongolei. Wie seit vielen hundert Jahren leben die Hirtennomaden dort in Jurten aus traditionellen Materialien – hölzernen Streben und Filzmatten – und wechseln zwischen den Sommerweiden und dem Winterlager. Doch statt wie früher in tagelangen Fußmärschen zum nächsten Weideplatz zu ziehen, laden sie nun ihr Hab und Gut einschließlich der Tiere auf die Ladefläche eines Lkw und folgen ihm auf ihren chinesischen Mopeds.

Ich finde es auch interessant zu sehen, dass ein Targi (so heißt ein einzelner männlicher Tuareg), der sich seinen Unterhalt als Lkw-Fahrer verdient, bei der Arbeit zwar Jeans statt eines Tekatkat trägt, das ihn beim Ein- und Aussteigen nur behindern würde, sich aber immer einen Cheich um Kopf und Gesicht wickelt, und zwar auf dieselbe Weise, wie es schon sein Großvater tat. Er wird vielleicht in einem Container der Baufirma leben, für die er arbeitet, aber er wird dort den Tee so zubereiten, wie es die Tuareg seit Jahrhunderten tun.

Manche Himba, Halbnomaden im Norden Namibias, errichten ihre Hütten heutzutage aus alten Stoßstangen, Bauträgern und Plastikplanen, aber in genau derselben Form wie früher aus Zweigen und Lehm. Die Konstruktionsweise ist völlig identisch, nur das Material hat sich geändert. Das ergibt sehr skurrile Bilder, die zwar manchen Betrachter verstören, aber die heutige Realität zeigen.

Natürlich ist die Entwicklung, die ich auf meinen Reisen in den vergangenen vier Jahrzehnten beobachten konnte, für die meisten Menschen eine durchaus positive, die sie auch zu schätzen wissen. Die Neonleuchte, der Kühlschrank, dass ihr Dorf überhaupt ans Stromnetz angeschlossen ist, dass die Straßen geteert sind, all das macht den Alltag leichter. Erfolgreiche Impfkampagnen der WHO, die verbesserten hygienischen Verhältnisse und medizinische Versorgung sorgten für eine deutlich geringere Kindersterblichkeit. Tierseuchen konnten eingedämmt werden, es gibt mehr sauberes Trinkwasser, die Bevölkerung ist besser über Krankheiten informiert, ob Aids oder einfache Durchfallerkrankungen, es gehen mehr Kinder zur Schule, auch die Qualität des Unterrichts ist gestiegen, es gibt mehr Krankenstationen und Ausgabestellen für Medikamente in Schulen oder Fabriken. Ich freue mich von ganzem Herzen für die Menschen, denen die Entwicklungen der vergangenen Jahrzehnte ein besseres Leben bescherten, als Fotograf blicke ich jedoch auch mit Wehmut auf die veränderte Motivlage.

So zum Beispiel im Fall Ladakh. Noch vor zwanzig Jahren hatten in Leh, der Hauptstadt des ehemaligen Königreichs im westlichen Himalaja, nahezu alle Bewohner eine Gebetsmühle in der

Hand. Als ich im Jahr 2019 durch das Land reiste, sah ich in den ganzen drei Wochen keine einzige Gebetsmühle. Dafür trugen fast alle, ob jung oder alt, ein Handy mit sich.

Problematisch finde ich es vor allem, wenn eine solche Entwicklung, ein solcher Kulturwandel, nicht von den Betroffenen selbst ausgelöst, sondern aufgezwungen wird – so wie Mitte des letzten Jahrhunderts in Kanada, als die Polizei auf Geheiß der Regierung Tausende Hunde der Inuit erschoss, um die Jäger und Sammler einer wichtigen Grundlage ihrer traditionellen Lebensweise zu berauben und sie so zur Sesshaftigkeit zu zwingen. Oder wie in den neunziger Jahren, als der libysche Diktator Muammar al-Gaddafi auf die Idee verfiel, dass das Nomadentum nicht in seine Vorstellung von einem modernen Land passe, und die Tuareg sesshaft machen wollte. Oder wie heute in Äthiopien, wo der Staudamm Gibe III am Fluss Omo die Lebensgrundlage der Mursi zerstört, eines der vielen einzigartigen Völker in jener kulturell so vielfältigen Region. Das Land, das diese Halbnomaden über Jahrhunderte im Rhythmus der Überschwemmungen als Anbaugebiet und Viehweide nutzten, wird nun verpachtet, allen voran an chinesische Großinvestoren, und die Mursi werden vertrieben. Wer nicht freiwillig geht, wird zwangsumgesiedelt. Ich fürchte, dass dieses Volk dem Untergang geweiht ist, denn die Mursi halten gegen jeden Druck von außen an ihrem gewohnten Lebensstil fest, sei es an der Art zu wirtschaften oder ihre Hütten zu bauen oder ihren auffälligen Lippentellern und Schmucknarben.

Nicht nur das »Motiv Mensch«, auch das »Motiv Landschaft« hat sich verändert. In den vier Jahrzehnten, seit ich als Fotograf unterwegs bin, hat sich die Weltbevölkerung beinahe verdoppelt (auf fast acht Milliarden). Gerade Afrika birgt, was das Bevölkerungswachstum angeht, ein hohes Konfliktpotenzial, weil Kinderreichtum in vielen Gesellschaften kulturell erwünscht ist. Mit durchschnittlich 4,4 Kindern bekommen Frauen in Afrika fast dreimal so viele Kinder wie etwa in Deutschland. In Niger sind es im Schnitt sogar knapp sieben Kinder. In der Folge werden die Dörfer immer größer und die Felder immer kleiner, weil in jeder Generation das Erbe durch viele Kinder geteilt wird. Das treibt – zusammen mit dem Wunsch nach einem moderneren, freieren Leben – immer mehr junge Menschen in die Städte, was deren ohnehin starkes Wachstum zusätzlich beschleunigt. So hat sich zum Beispiel die Einwohnerzahl von Bamako, der Hauptstadt Malis, innerhalb der letzten vierzig Jahre mehr als vervierfacht. Die Kommunalpolitik ist mit dieser Entwicklung völlig überfordert, sodass die Bereitstellung von Strom und Trinkwasser, die Entsorgung von Abwasser und Müll oder der Bau und Unterhalt von Schulen auf der Strecke bleiben. Und das beileibe nicht nur in den Elendsvierteln, die ebenfalls rasant wachsen.

Dagegen wurden in den letzten vierzig Jahren selbst in den ärmsten Ländern immer mehr Straßen gebaut und einstige Sand- oder Schotterpisten geteert. Heute kann man die Sahara komplett auf Teerstraßen durchqueren. Der Trans-Kalahari Corridor, der die Stadt Walvis Bay an der namibischen Atlantikküste mit den 1800 Kilometer entfernten Städten Pretoria und Johannesburg in Südafrika verbindet und in den neunziger Jahren eine wilde, teils völlig versandete Piste war, ist heute ebenfalls asphaltiert und streckenweise mehrspurig ausgebaut. Die Straßen sind gut ausgeschildert, und es gibt ausreichend Tankstellen. Für viele Menschen vor Ort ist das wunderbar, und so sehr ich mich für sie freue, so sehr vermisse ich – abgesehen von den verschwindenden Traditionen – auch die Abenteuer, die das Reisen früher bot, als ich auf Sandpisten unterwegs war, mangels Straßenschilder oft nicht wusste, ob ich überhaupt noch auf dem richtigen Weg war oder mich bei der letzten Gabelung für die falsche Piste entschieden hatte.

Auf meinen ersten Reisen durch die Sahara gab es für das ganze riesige Gebiet nur unhandliche Landkarten, aber noch lange keine GPS-Geräte, geschweige denn ein Navi. Tankstellen waren rar, und nicht selten bekam ich mein Benzin aus einem Fass im Hinterhof eines kleinen Dorfladens gezapft, dessen Besitzer den Sprit schwarz verkaufte. Das war es wert, fotografiert zu werden; aber ich käme nie auf die Idee, an einer »richtigen« Tankstelle ein Foto zu machen. So manche Reise hält noch Abenteuer parat, doch sie sind seltener geworden – und damit auch die Gelegenheit, eine Reise mit Fotos zu dokumentieren, denn wer will schon eine perfekt asphaltierte Straße oder eine reguläre Tankstelle sehen.

Mit Wehmut sehe ich – als Fotograf und als Mensch – auch andere Veränderungen. So wurden und werden durch den Bau von Staudämmen nicht nur Lebensräume vernichtet und häufig das Überleben ethnischer Minderheiten gefährdet, sondern oft auch einzigartige Landschaften zerstört. Im Himalaja sind durch Staudämme und -seen bereits zahlreiche Täler geflutet worden. Und trotz Warnungen vieler Wissenschaftler, dass der Dammbauboom hochriskant ist, weil er die Folgen des Klimawandels – unter anderem die Gefahr einer Überflutung der gestauten Flüsse und Seen infolge schmelzender Gletscher – nicht berücksichtigt, sind Hunderte von Großstaudämmen in Planung. Der Klimawandel ist – neben der Desertifikation, sich ausbreitenden Wüsten – die Ursache für die einschneidendsten Veränderungen, die ich als Fotograf gesehen habe.

Wobei die Desertifikation für mich als Wüstenfotograf von Anfang an ein großes Thema war. Häufig wird sie als Folge des Klimawandels dargestellt, doch das ist nur zum Teil richtig. Die globale Erwärmung hat weit weniger Einfluss auf die Wüstenbildung als das Bevölkerungswachstum. Innerhalb von dreißig Jahren hat sich die Bevölkerung der Sahelzone verdoppelt, sodass die ohnehin spärliche Vegetation am Übergang zwischen Sahel und Sahara übernutzt wurde und der steigende Wasserverbrauch den Grund-

Sandwind in Mauretanien

wasserspiegel absenkte. In der Folge wurde die dünne Ackerkrume von Sonne und Wind ausgetrocknet und verweht. Zurück blieb Wüste. Ich konnte mit anschauen, wie die Sahara sich Jahr für Jahr in die Sahelzone hineinfraß, wie Dörfer versandeten und Bauern einen vergeblichen Kampf gegen den Sand fochten, der ihre Äcker und Gärten unter sich begrub, wie Brunnen versalzten. Desertifikation ist jedoch kein Merkmal der Sahelzone allein, sondern findet weltweit an allen Wüstenrändern statt, überall dort, wo Acker- oder Weideflächen überbeansprucht oder Bäume für den Brenn- und Bauholzbedarf abgeholzt werden.

Bei jeder meiner Reisen in den Sahel versuchte ich, die Probleme der Bauern fotografisch einzufangen. Ein verdorrter Baum, ein von Wüstensand erobertes Hirsefeld sind keine faszinierenden Motive, aber ich fand, dass ich es den Einheimischen schuldig bin, auch solche Bilder festzuhalten und zu zeigen. Es war eine glückliche Fügung, dass sich das UN-Wüstensekretariat der UNCCD für meine Fotos interessierte; das führte dazu, dass ich auf der Weltklimakonferenz in Montreal 2005 einen Vortrag über den Sahel halten und im Jahr darauf eine Ausstellung im UN-Hauptquartier in New York City machen sowie einen UN-Kalender bebildern durfte, wodurch ich ein großes Publikum auf die dramatischen Folgen der Desertifikation hinweisen konnte.

Noch drastischere Veränderungen beobachtete ich infolge des Klimawandels. Vor allem in der Arktis und der Antarktis, wo die Auswirkungen der Erderwärmung weit dramatischer sind als beispielsweise in den Alpen. Wir erschrecken, wenn wir ein Foto von der Pasterze, dem großen Gletscher am Fuß des Großglockners, aus der Mitte des neunzehnten Jahrhunderts und eine Aufnahme von heute sehen und feststellen, dass sich die Fläche der Pasterze um die Hälfte verringert hat. Allerdings entstand das erste Bild während der Kleinen Eiszeit mit ihren sehr kalten und langen Wintern, niederschlagsreichen, kühlen Sommern und folglich einem starken Gletscherwachstum, und seither sind fast 200 Jahre vergangen. In der Arktis reichen schon ein paar Jahre, um einen dramatischen Schwund zu sehen. Bei meiner letzten Reise nach Spitzbergen ging ein großer Riss durch einen gewaltigen Gletscher und gab den Blick auf Felsen frei, die nur fünf Jahre zuvor noch nicht zu sehen gewesen waren. Oder zum Beispiel hätte ich mir die Reise mit dem Eisbrecher *Kapitan Dranitsyn* nach Franz-Josef-Land, der nördlichsten Inselgruppe der Erde, sparen können. Die Gewässer waren mehr oder weniger eisfrei.

2011 war ich am Nordpol im Barneo-Camp. Dieses Forschungslager wird alljährlich im Frühling auf gefrorenem Meereis errichtet und nach wenigen Wochen wegen einsetzender Schmelze wieder abgebaut. Während dieser Zeit driftet das Camp auf seiner Eisscholle

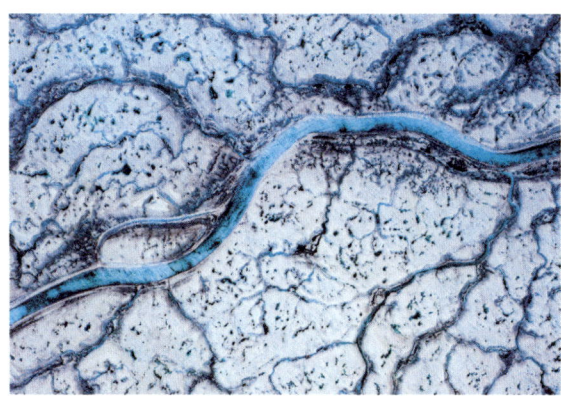

Schmelzwasserfluss auf der Eiskappe Austfonna in Spitzbergen

um den Nordpol. Bei meinem Aufenthalt war die Eisscholle schon im April derart instabil, dass ein Riss durch das Camp ging. Messungen während der MOSAiC-Expedition, deren Teilnehmer von September 2019 bis Oktober 2020 auf dem Forschungseisbrecher *Polarstern* durch die zentrale Arktis drifteten, ergaben die niedrigste Eisausdehnung seit Beginn der Aufzeichnungen im Jahr 1979.

Auch im Himalaja und in den Anden ziehen sich die Gletscher extrem schnell zurück. Mit gravierenden Konsequenzen; denn sie sind die einzigen Wasserspeicher, und ihr Schmelzwasser, das ab dem Frühjahr Bäche und Flüsse speist, ist im Sommer der alleinige Wasserlieferant für die Bewohner der Berge und bis weit hinein ins angrenzende Tiefland. Allein in Südasien sind eine Milliarde Menschen für die Trinkwasserversorgung und die Landwirtschaft auf das Schmelzwasser aus dem Himalaja angewiesen.

Ich schaue bei meinen Reisen nicht nur mit dem Auge des Fotografen, sondern auch mit dem eines Geografen auf die Welt. Themen wie Klimawandel, Desertifikation oder sozialer Wandel sind daher meine stetigen Reisegefährten, und so zeigen meine Fotos nicht nur die Schönheiten dieser Welt, sondern auch mein Anliegen, die Zuschauer und Leser auf die Verhältnisse und Probleme in anderen Ländern aufmerksam zu machen.

# Zur richtigen Zeit am richtigen Ort

Bei meinen Reisen ist weniger Organisation im Spiel, als man meinen möchte. In den ersten Jahren, als ich die Sahara erkundete, fuhr ich mit einem Auto in Gersthofen los. Seit die Reiseziele immer weiter entfernt liegen, buche ich den Hin- und Rückflug und lasse entweder mein Motorrad zum Zielflughafen transportieren oder nehme im Land einen Mietwagen. Manchmal miete ich das Auto bereits von Deutschland aus, öfter aber erst vor Ort. Dasselbe gilt für einen etwaigen Fahrer beziehungsweise Guide oder Dolmetscher. Um alles weitere wie Unterkünfte oder Inlandsflüge kümmere ich mich erst, wenn ich sie brauche. So erhalte ich mir die nötige Freiheit und Flexibilität, denn letztlich soll die Fotografie den Verlauf der Reise bestimmen.

Einige Reisen erfordern allerdings etwas mehr Vorbereitung und Planung und manche sehr viel mehr. Zwar liebe ich das Abenteuer, aber es hieße das Glück herauszufordern, zum Beispiel nur den Flug nach Ushuaia zu buchen, wo die Schiffe in die Antarktis ablegen, und darauf zu hoffen, dass ich einen Platz auf einem Expeditionsschiff bekomme und dann auch noch eine Unterkunft in einer der Forschungsstationen. Auch den Aufenthalt im Barneo-Camp am Nordpol musste ich vorher organisieren. Einfach draufloszufahren ist bei Reisen ins Eis praktisch unmöglich; fast immer muss man bei solchen Vorhaben eine Reiseagentur bemühen oder auf die Strukturen einer Forschungseinrichtung zurückgreifen.

Bei meinen ersten Saharareisen waren alle Grenzübergänge der Region offen, aber man brauchte für nahezu jedes Land ein Visum. Weil ich damals fast ständig auf Reisen war, hatte ich zwei Reisepässe: Mit dem einen reiste ich, während der andere schon wieder zusammen mit dem Antrag für das nächste Visum in einer Auslandsvertretung in Frankfurt, Bonn oder sonst wo lag.

In vielen Ländern muss man bei der Einreise einen Impfpass mit den im jeweiligen Land vorgeschriebenen Impfungen vorzeigen können. Vor vierzig Jahren wurde in dem einen oder anderen Staat auch noch der Nachweis einer Pockenimpfung verlangt, weshalb ich einmal beinahe mitten in Afrika gestrandet wäre. 1982 hatten Achim und ich auf unserer VW-Bus-Tour quer durch Afrika vorgehabt, von der Zentralafrikanischen Republik über Zaire (heute Demokratische Republik Kongo) nach Ostafrika und weiter nach Kapstadt zu fahren. Unterwegs hörten wir aber so viele Horrorgeschichten aus Zaire – über korrupte Polizisten, die Autos beschlagnahmten und erst nach Zahlung hoher Summen wieder freigaben, betrunkene Militärs, die mit der Waffe im Anschlag Geld erpressten, und nicht zuletzt über die miserablen Straßenverhältnisse –, dass wir uns kurzerhand entschlossen, den Bus in Bangui, der Hauptstadt der Zentralafrikanischen Republik, zu verkaufen und von dort per Schiff auf dem Ubangi- und Kongo-Fluss nach Brazzaville, der Hauptstadt der Volksrepublik Kongo, zu schippern. Für die Einreise in dieses Land musste man aber eine Pockenimpfung nachweisen. Für Achim kein Problem, er hatte einen entsprechenden Eintrag in seinem Impfpass, denn bis 1976

Visa und Bürokratie erschweren Reisen in Afrika

waren Kinder in Deutschland gegen Pocken geimpft worden. Bei mir hatte man auf die Impfung verzichtet, da ich als Kind einen epileptischen Anfall hatte und die Gefahr bestand, dass die Krankheit durch die Impfung zurückkommen könnte. Jetzt war guter Rat teuer, denn es war klar, dass den kongolesischen Grenzbeamten nur interessieren würde, dass ich keinen einschlägigen Eintrag in meinem Impfpass hatte, nicht aber, warum dem so war. Damals hatte ich noch nicht wie bei späteren Afrikareisen falsche Stempel dabei, die mir so manchen Grenzübertritt ermöglichten. Aber wir hatten einen Bleistift, und in meiner Hosentasche steckte ein Fünfmarkstück mit dem Bundesadler auf der Rückseite. Ich legte die Münze unter die entsprechende Seite des Impfpasses, um den Bundesadler durchzupausen. Wer schon einmal einen Impfpass in der Hand hielt, weiß, wie dick das Papier ist. Ich musste mit aller Kraft aufdrücken, aber schließlich prangte da ein Bundesadler. Das sah schon recht beeindruckend aus. Achim fügte in das entsprechende Feld ein passendes Datum und einen fiktiven Arzt ein und kritzelte eine völlig unleserliche, also typische Arztunterschrift dazu. So ganz waren wir mit dem Ergebnis noch nicht zufrieden, weshalb wir eine alte Jahresmarke der Augsburger Verkehrsbetriebe, die Achim aus seinem Geldbeutel zauberte, zum Bundesadler klebten. Dem Grenzbeamten fiel zum Glück nicht auf, dass die Eintragungen in Achims und meinem Impfpass ganz unterschiedlich aussahen, obwohl wir doch beide Deutsche waren.

Auch was die Motive und Themen betrifft, plane ich nicht allzu viel im Voraus. Wenn ich von zu Hause aufbreche, habe ich zwar eine Vorstellung im Kopf, was ich fotografieren möchte, aber keine bis ins Detail ausgearbeitete To-do-Liste. Das wäre mir ein viel zu steifes Korsett, das keinen Raum für Unvorhergesehenes ließe, und würde mich nur unnötig unter Druck setzen. Das ist auch der Grund, warum ich vorab nur eine ungefähre Reiseroute und eine grobe Richtung festlege. Wenn ich im Altai-Gebirge in der Mongolei kasachische Adlerjäger fotografieren will, werde ich bei der nächsten Mongoleireise natürlich auch ins Altai-Gebirge fahren, und dann weiß ich, dass ich von Ulan-Bator, der Hauptstadt der Mongolei, Richtung Westen fahren muss und nicht nach Süden oder Osten.

Natürlich drängen sich manche Motivwelten automatisch auf. Ich werde kaum ohne Kamelbilder aus Saudi-Arabien oder ohne Gletscherbilder aus dem Himalaja zurückkehren, die ergeben sich auf ganz natürliche Weise.

Ideen, wo ich besondere Motive finden könnte, bekomme ich zum Beispiel von Kollegen oder aus Büchern. So weiß ich beispielsweise, dass ich am Tso-Moriri-See in Ladakh im Sommer tibetische Hirtennomaden, die Changpa, antreffen werde. Oder ich schaue mir die Festkalender an. Wenn ich an den Ganges fahre, dann in einem Jahr und zu den Wochen, in denen die Kumbh Mela stattfindet, das größte Pilgerfest der Erde. Als ich nach Tibet reiste, um die rituelle Wanderung rund um den heiligen Berg Kailash zu fotografieren, tat ich das zur Zeit des Saga-Dawa-Festivals, des wichtigsten religiösen Festes der Tibeter. Saga Dawa wird zwar in ganz Tibet gefeiert, doch das größte der Feste findet am Kailash statt. Auch war ich nicht in *irgendeinem* Jahr am Kailash, sondern 2014. Denn in diesem Jahr, dem Jahr des Pferdes, zählte die gut fünfzig Kilometer lange Umrundung dreizehnfach – und nach buddhistischer Lehre sind 108 Runden nötig, um die unmittelbare Erleuchtung zu erlangen. Es gibt wohl kaum einen besseren Zeitpunkt, um diese einzigartige Kultur hautnah zu erleben – und keinen besseren, um am Kailash zu fotografieren.

Abgesehen von solchen Festivitäten haben die Jahreszeiten entscheidenden Einfluss auf meine Reisen. Es macht einen gewaltigen Unterschied, ob ich im Januar oder im Juli in der Mongolei unterwegs bin. Im Winter ist es in dem zentralasiatischen Land zwar bitterkalt, dafür sorgt ein Kältehoch für einen stahlblauen Himmel, während es im Sommer dunstig und dampfig ist. Auch das

Im Jahr des Pferdes besuchte ich das Saga-Dawa-Fest in Westtibet

Leben vieler Menschen dort ist in den verschiedenen Jahreszeiten ein gänzlich anderes. Die Nomaden sind im Winter im Winterlager, während sie im Sommer mit ihren Herden und ihren Jurten umherziehen – sodass man auf gut Glück durch die Gegend fahren müsste, um sie zu finden.

Ein anderes Beispiel ist Namibia, wo im Sommer – etwa von Dezember bis April – Regenzeit herrscht. Das heißt, der Himmel ist zumeist wolkenverhangen und die Pisten sind häufig überschwemmt. In den nördlichen Landesteilen werden die Mücken zur Plage. Sie sind nicht nur lästig, sondern übertragen auch Malaria. Und in der Namib-Wüste klettern die Temperaturen auf vierzig Grad, an manchen Tagen sogar bis auf unerträgliche fünfzig. Wenn ich dagegen im Juni anreise, habe ich immer Sonnenschein bei angenehmen Temperaturen um die zwanzig Grad, garantiert einen wolkenlosen tiefblauen Himmel, keine Malaria – und begegne nur wenigen Touristen.

Genauso wichtig wie die richtige Jahreszeit ist für das Fotografieren die richtige Tageszeit. Zwischen achtzig bis neunzig Prozent meiner Bilder entstehen in den sogenannten Tagesrandzeiten. Meine Arbeitszeiten sind morgens von kurz vor Sonnenaufgang bis etwa neun oder zehn Uhr, und nachmittags ab ungefähr drei Uhr.

Himba-Mädchen im Abendlicht, Kaokoveld, Namibia

Auch das soziale Leben spielt sich oft in den Tagesrandzeiten ab. Mittags im Jemen hört man den Muezzin rufen, und vielleicht brüllt mal ein Kamel, aber sonst ist alles wie ausgestorben. Für mich ist das die beste Zeit, um auf der Suche nach weiteren Motiven oder einem besseren Blickwinkel auf ein bereits bekanntes Motiv durch die Gegend zu streifen oder meine Fahrt fortzusetzen (wobei ich ständig die Umgebung absuche, ob sich etwas auftut, was sich zu fotografieren lohnt). Aufnahmen mache ich dabei höchst selten. Da geht es wieder um Freiheit und Flexibilität. Denn eher unterbreche ich die Reise und warte auf gute Lichtverhältnisse, als ein schönes Motiv unter nicht optimalen Bedingungen zu fotografieren. Dann erreiche ich mein angepeiltes Tagesziel halt nicht an diesem, sondern erst am nächsten Tag.

Entscheidend ist die richtige Tageszeit auch bei den Sehenswürdigkeiten, die täglich Hunderte Besucher anziehen, wie zum Beispiel der Mesa Arch in der Wüste von Utah. Jörg Reuther, Kameramann Ralf Leistl und ich trafen zehn Minuten vor Sonnenaufgang an dem berühmten Felsbogen ein, dem Wahrzeichen des Canyon-lands Nationalparks, der sich mit einer Breite von zwölf Metern über eine Abbruchkante spannt – und trauten unseren Augen kaum: Trotz nachtschlafender Zeit hatten sich bereits um die 200 Menschen eingefunden. Keine Chance, den Bogen zu fotografieren beziehungsweise zu filmen, ohne unzählige Leute mit im Bild zu haben. Und so versuchten wir mit zunehmender Verzweiflung einen Standort mit einem freien und dennoch guten Blick auf das Motiv zu finden. Vergeblich. Als die ersten Sonnenstrahlen am Horizont auftauchten, setzte ein Konzert aus ehrfürchtigem Raunen, dem Surren von Filmkameras und dem Klicken von Fotoapparaten ein. Wenige Augenblicke später war der Spuk schon wieder vorbei, denn all die Menschen um uns herum gehörten offensichtlich zu Reisegruppen, die nun zurück zu ihren Bussen beordert wurden, um nicht zu spät zum Frühstück zu kommen. Plötzlich standen wir allein am Mesa Arch – und konnten unser Glück kaum fassen, denn mit höher steigender Sonne leuchtete die Unterseite des Bogens in immer intensiverem Orange und wir bekamen wunderbare Aufnahmen. Wir hatten letztlich doch den genau richtigen Zeitpunkt erwischt.

Auf derselben Reise wollten wir ein weiteres bekanntes Motiv fotografieren: die sogenannte Wave, eine bizarre, unterschiedlich gefärbte Sandsteinformation in den Coyote Buttes North in Ari-

Fotografen drängen sich vor Sonnenaufgang am Mesa Arch, Utah, USA

zona. Dafür war eine solch gehörige Portion Glück vonnöten, dass die richtige Tageszeit zur Nebensache wurde. Die Tickets zur Besichtigung der Wave werden nämlich verlost. Jeden Morgen um neun Uhr werden im Besucherzentrum in Kanab in einer der ungewöhnlichsten Lotterien der Welt zehn sogenannte Walk-in-Permits gezogen – zehn weitere werden online verlost, wofür man sich jedoch vier Monate im Voraus registrieren muss. 28 Leute standen an jenem Morgen um den Korb mit den zehn Losen und warteten auf die Ziehung. Als der Ranger den Namen auf dem ersten Los vorlas, sah ich unsere Chancen dahinschwinden. Es war eine vierköpfige Familie namens Smith. Vier der zehn Permits waren damit vergeben. Auf dem zweiten Los stand »Martin«. Am nächsten Morgen – die Walk-in-Permits gelten immer erst für den folgenden Tag – marschierten wir mit einer genauen Wegbeschreibung in der Hand los, denn die Wave liegt einsam im Naturschutzgebiet Vermilion Cliffs National Monument, einem Hochplateau mit Wüstenklima. Die Route führte über Stock und Stein, ab und zu gab es sandige Passagen, auf denen uns Fußspuren zeigten, dass wir

Die Permits für die »Wave« in Arizona werden verlost

noch richtig waren. Nach zwei Stunden waren wir am Ziel. Der Blick von oben auf die sanft geschwungenen, steinernen Wellen war atemberaubend.

Der rot, gelb und weiß gestreifte Stein leuchtete im Licht der hochstehenden und intensiven Sonne. Darüber spannte sich ein tiefblauer Himmel. Die Chance, dieses Naturwunder mit eigenen Augen zu sehen, ist das Risiko, bei der Verlosung eine Niete zu ziehen, allemal wert. Es war nicht schwer, hier eindrucksvolle Bilder zu machen, und wir, die wir das große Los gezogen hatten, waren im Nachhinein froh über die strenge Reglementierung der Besucherzahlen.

# Unterwegs als Fotograf

Meine Fortbewegungsmittel beeinflussen auch immer meine Fotografie. Als Student musste ich Rücksicht auf mein mageres Budget nehmen und konnte nicht allzu wählerisch sein: Die Autos, mit denen ich und meine Reisepartner die ersten Reisen unternahmen, waren so alt, dass wir nie darauf vertrauen konnten, auch wirklich am Ziel anzukommen – zumal wir oft auf halsbrecherischen Pisten unterwegs waren. Wobei es ohnehin nur wenige geteerte Straßen in der Sahara gab.

Ich weiß nicht mehr, wie oft wir auf den Pisten liegenblieben und wie viele Stunden wir damit zubrachten, am Auto herumzuschrauben oder es freizuschaufeln, wenn es sich im Sand festgefahren hatten. Das kostete Energie und Kraft – und mich anschließend einige Überwindung, noch die Kamera in die Hand zu nehmen und ein paar Fotos zu machen. Die Autos selbst waren keine besonders schönen Motive, aber ein Foto, wie einer von uns mitten in der Wüste mit ölverschmierten Fingern über der offenen Motorhaube hängt, machte was her.

Ich repariere den Kühler des Peugeot 504 in Mali

Wir schleppen Sandbleche zum eingesandeten Peugeot 504, Mali

Den Durst, nachdem man eine gefühlte Ewigkeit Sand geschaufelt hat, kann man nicht fotografieren, sehr wohl aber, wie sich jemand einen Zehn-Liter-Wasserkanister an den Mund hält und in großen Schlucken trinkt.

Und so hielt ich auch mit der Kamera drauf, wenn einer meiner Reisepartner nach einem Reifenwechsel in der größten Mittagshitze völlig derangiert neben dem Auto saß oder wenn meine damalige Freundin Steffi vor Erschöpfung weinte. Und wenn ich derjenige war, der schaufelte oder am Motor herumschraubte, bat ich einen meiner Gefährten darum, mich zu fotografieren.

Als Fotograf *hinter* der Kamera und als Protagonist beziehungsweise Motiv *vor* der Kamera zu stehen, ist für mich bis heute eine schwierige Doppelrolle; aber es ist wichtig. Zum einen wollte ich von Anfang an auch die *Reise* abbilden, um später auf der Bühne die Leute in das Auf und Ab zum Beispiel einer Wüstendurchquerung mitnehmen zu können, ihnen vermitteln zu können, wie es war, nach zehn Tagen Fahrt durch die maghrebinische Sahara mit zahlreichen Pannen in das erste Dorf auf malischem Boden zu kommen, wo in den Bars laute Musik gespielt wurde, wo die Frauen bunte Gewänder trugen, wo dieses schwarzafrikanische überbordende Lebensgefühl herrschte. Wie lässt sich dieses Gefühl in einem Diavortrag besser darstellen als mit einem Foto, das mich vor dem ersten kalten Bier sitzend zeigt und das mit Musik entsprechend untermalt ist. Zum anderen hatte ich schnell festgestellt, dass ich mit den Bildern und dem Erzählen von Missgeschicken und Erfolgserlebnissen die Zuschauer in den Vorträgen einfangen konnte. Sie fühlten und litten mit, wenn meine Freunde und ich mit Widrigkeiten kämpften, wenn wir froren, schwitzten … und freuten sich mit uns, wenn das Auto endlich freigeschaufelt oder der Ersatzreifen montiert war. Daran hat sich bis heute nicht viel geändert: Wenn ich Bilder zeige, wie mir das Motorrad auf vereister Strecke in der Gobi wegrutscht, wie ich die Maschine unter Einsatz aller Kräfte wieder aufrichte und dankbar feststelle, dass weder sie noch das Gepäck oder ich selbst Schaden genommen haben, ist die Reaktion meist stärker als bei den schönsten Landschaftsaufnahmen.

Zum Glück hatte ich schon damals ein Gespür dafür, was sich zu einer Geschichte entwickeln könnte. So drückte ich auf den Auslöser, als Steffi unter unserem streikenden Citroën GS eine kleine metallene Kugel im Sand fand. Ich hatte alles Mögliche versucht, um die hydropneumatische Federung des am Boden aufsitzenden Autos wieder in Gang zu bringen. Doch außer verdreckten Händen und einem ölverschmierten T-Shirt war nichts dabei herausgekommen. Zwar lag nun die Vermutung nahe, dass die Kugel die Ursache des Problems war, aber das half uns nicht weiter, weil wir keine Ahnung hatten, wohin das Ding gehörte. Anderthalb Tage saßen wir in der Wüste fest. Dann kam ein Lkw vorbei, dessen Fahrer sich als deutscher Citroën-Mechaniker entpuppte – so viel Glück muss man erst einmal haben. Der gute Mann identifizier-

Der Fund einer Ventilkugel rettet unseren Citroën GS

te die Kugel, die wir ihm zeigten, als die entscheidende Ventilku-gel der Hydraulikpumpe und brachte unseren Wagen wieder zum Laufen. Die Geschichte wäre ohne das Foto, wie Steffi die Kugel fand, nicht halb so gut gewesen.

Die Autos waren das eine Problem. Das andere war, dass es damals kein vernünftiges Kartenmaterial gab, auch keine GPS-Geräte. GPS gab es zwar, war aber dem Militär vorbehalten. Wie oft beugten meine Freunde und ich uns über die topografischen Karten des Institut géographique national (IGN) und rätselten, ob der Berg, der dort eingezeichnet war, tatsächlich derjenige war, den wir in wenigen Kilometern Entfernung vor uns sahen. Wenn ja, mussten wir dort abbiegen. Jegliche Annahme konnte aber auch falsch sein. Manchmal waren uns die Karten so nützlich wie das Schnittmuster für ein Abendkleid. Bei jeder Reise schwang bestän-dig die Furcht mit, sich zu verirren und zu sterben, denn natür-lich hörten wir die Geschichten von Reisenden, die in der Wüste umgekommen waren. Tatsächlich ließen in den achtziger Jahren, einem Höhepunkt des Saharatourismus, jährlich um die achtzig Touristen ihr Leben, hauptsächlich, weil sie sich verirrten oder weil sie in einen Sandsturm gerieten. Als GPS schließlich auch für zivile Zwecke zur Verfügung stand, vermittelte es mir die unglaublich beruhigende Gewissheit, mich stets an den nächsten Brunnen oder

GPS-Geräte erleichtern die Orientierung ungemein

die nächste Behausung lotsen zu können – wenn auch mit einigen Unwägbarkeiten. Ein GPS gab nicht wie ein Navi die genaue Wegstrecke an, sagte mir also nicht, wann ich wo abbiegen musste, sondern zeigte nur die Positionsdaten und zum Beispiel, dass die nächste Oase sechzig Kilometer Luftlinie entfernt war.

Ob zwischen mir und dem Brunnen ein Gebirgszug lag oder eine Schlucht, die mangels Brücken umfahren werden musste, was durchaus zwei Tage kosten konnte, darüber schwieg es sich aus; um das festzustellen, musste ich wiederum die Karten zu Rate ziehen. Aber wenigstens wusste ich nun, *dass* und *wo* es einen Brunnen gab.

1987 war ich an dem Punkt angekommen, wo ich alle interessanten Strecken, die man mit einem Pkw meistern konnte, gefahren war. Um bestimmte Gebiete in der Ténéré, einer Teilwüste der Sahara, oder im Sudan zu erreichen oder den Tschadsee am Südrand der Sahara mit seinen Feuchtgebieten zu umrunden, brauchte ich einen Geländewagen. Ich legte mir einen gebrauchten Nissan Patrol zu. Er erweiterte nicht nur meinen Aktionsradius, sondern war auch zuverlässig und wüstentauglich, sodass ich nun viel mehr Freiraum und Energie fürs Fotografieren hatte. Ein gut gefederter und hochbeiniger Geländewagen ist zudem viel bequemer als ein Pkw; erst recht für jemanden meiner Größe. Endlich konnte

Mit dem Nissan Patrol im Jahr 1987 quer durch den Sudan

ich entspannt reisen, die Landschaft genießen und in aller Ruhe nach interessanten Motiven Ausschau halten. Und wenn ich eines entdeckte, stieg ich erholt aus und fotografierte mit aller Konzentration und Kraft, ohne mich erst dehnen und strecken zu müssen. Noch wichtiger aber war, dass ich mit dem geländegängigen Allradfahrzeug Regionen der Sahara bereisen konnte, die nicht nur atemberaubend schön waren, sondern in die auch kaum je ein Fotograf seinen Fuß gesetzt hatte.

Trotzdem bin ich, was den Geländewagen als Fortbewegungsmittel für mich als Fotografen angeht, bis heute hin- und hergerissen, denn eine Reise mit einem Geländewagen sorgt kaum für Abenteuer und Überraschungen.

Was ich in den ersten Jahren, als ich mit einem eigenen Fahrzeug unterwegs war, sehr schätzte – und bis heute vermisse –, ist, dass ich *in Deutschland* losfuhr. Auf diese Weise *spürte* ich die Anreise, kam auch mit der Seele an. Und nebenbei war es praktisch, weil ich alles reinpacken konnte, was ich brauchte, und weil ich mir, anders als bei Anreise mit dem Flugzeug, keine Gedanken über das »maximal zulässige Gewicht« meines Gepäcks machen musste. Außerdem konnte ich mich bis an die Zähne mit Vorräten bewaffnen, hatte meist unzählige Dosen Ravioli – mein »Studentenfutter« – dabei, zudem *meine* Wasserkanister, *meinen* Kocher.

Und auf dem eigenen, gewohnten Kocher koche ich nun mal lieber als auf einem, den der Mietwagenanbieter zur Verfügung stellt.

Oft wurde ich gefragt, warum ich als Wüstenfotograf eigentlich nie auf einem Kamel gereist bin, wo es doch das typische Fortbewegungsmittel der Wüste ist und noch dazu ein gutes Motiv. Darauf gibt es viele Antworten: Ein Kamel ist für meine Bedürfnisse – nämlich auf der Suche nach Motiven viel Strecke machen – viel zu langsam, ein Reitkamel schafft etwa vierzig Kilometer pro Tag, ein Lastkamel sogar nur zwanzig, dreißig Kilometer, und ein Lastkamel muss man eigentlich immer mitführen. Außerdem muss man einen Kamelführer anheuern …

Während des Ritts auf einem dieser Wüstenschiffe ein scharfes Foto schießen zu wollen ist übrigens ein unmögliches Unterfangen. Denn Kamele schaukeln aufgrund ihres Passgangs hin und her wie ein auf Wellen dümpelndes Boot. Man kann sich nicht wie bei einem Pferd einfach auf den Rücken schwingen – oder mal schnell absitzen, um zu fotografieren. Im Gegenteil: Das Auf- und Absitzen ist eine Prozedur, die sich ganz schön in die Länge ziehen kann, denn das Tier muss dazu erst einmal auf die Knie gehen, und Kamele sind nicht nur gemächliche Tiere, sondern können auch unglaublich störrisch sein. Und manche haben noch weitere Eigenschaften, die ich nicht besonders schätze: Sie sind mürrisch, beißen und zwicken gern.

Meine Leidenschaft für das Fotografieren und abenteuerliche Reisen war immer nur die eine Seite der Medaille – denn ich musste auch im Auge behalten, wie ich das Ganze in einem Vortrag präsentieren konnte; musste also immer an die Story denken, die ich später erzählen wollte. 1991 verlor ich durch die Tuareg-Rebellion in Mali und Niger sowie den Bürgerkrieg in Algerien plötzlich mein Hauptarbeitsgebiet, die Sahara. Das ist in etwa so, wie wenn man dem Schreiner die Werkstatt schließt. Also wich ich auf Ost- und das südliche Afrika aus. In Namibia gibt es ebenfalls eine schöne Wüste, die Namib; sie ist aber bei weitem nicht so spektakulär und facettenreich wie die Sahara. Zudem gab es in vielen der Länder, die ich jetzt bereiste, weit weniger traditionelles Leben als etwa in Niger oder Mali. Deshalb brauchte ich etwas, was das Reisen wieder interessanter, abenteuerlicher, aufregender machte. Ein Reisevortrag über eine Tour mit dem Geländewagen von Kenia nach Kapstadt klang für mich nach einem langweiligen Abend. Da kam mir die Idee mit dem Motorrad. »Mit dem Motorrad von Kenia nach Kapstadt.« Das hörte sich schon bedeutend besser an. Ein Motorrad versprach den Zuschauern bei den Veranstaltungen nicht nur mehr Abenteuer, sondern hat an sich schon mehr Flair als ein Geländewagen.

Die erste Motorradtour brachte mir auch wertvolle Erkenntnisse. Erstens, dass ein schönes großes Motorrad die Einheimischen anzieht wie ein Magnet. Egal, wo meine Freunde und ich einen Halt einlegten, ob an einer Tankstelle, einem Krämerladen oder einem Imbiss: Innerhalb kurzer Zeit waren wir von Leuten umringt, die unsere Maschinen bestaunten und uns mit Fragen bestürmten, woher wir kämen, wohin wir wollten. Auch mussten wir oft anhalten, um uns zu orientieren; denn anders als im Auto gab es keinen Beifahrer, der während der Fahrt die Straßenkarte studieren hätte können, und Navigationsgeräte gab es noch immer nicht. Und wenn man sowieso stehenbleiben musste, lag es nahe, einfach den nächsten Einheimischen nach dem Weg zu fragen. Dazu musste man nicht erst eine Scheibe herunterkurbeln, sondern nur das Visier hochklappen. Wenn überhaupt, denn meistens fuhren wir »offen«. Auch bei diesen Gelegenheiten wurden wir häufig mit Fragen gelöchert. Insofern erwies sich das Motorrad vielleicht nicht gerade als kulturelle Brücke, aber doch als gutes Mittel, mit Einheimischen in Kontakt zu kommen. War diese Hürde genommen, konnte ich mit dem Fotografieren beginnen.

Mein Motorrad erweckte im Jahr 2019 in Äthiopien großes Interesse

Die zweite Erkenntnis war, dass mein neues Fortbewegungsmittel die Besucherzahl bei meinen Vorträgen sprunghaft ansteigen ließ. Zwar hatte ich schon immer auf mehr Publikum gehofft, aber dass es so viel mehr sein würde, hätte ich nie erwartet. Neben Afrika- und Wüstenfans kamen nun auch jede Menge Motorradfahrer, selbst solche, die sich kein bisschen für Afrika interessierten. Und das ist bis heute so geblieben. Etwa ein Drittel meines Publikums interessiert sich für Fotografie und die Bilder, ein weiteres Drittel für die Wüste – und hoffentlich auch für *Terra* –, und das dritte Drittel besteht aus Motorradfahrern.

Dazu kam die erwähnte Attraktivität des Motorrads, einer R 100 GS, die ich von BMW gesponsert bekommen hatte, als Motiv. Was im selben Maß für die nachfolgenden Modelle galt. Eine weitere Erkenntnis gesellte sich im Lauf der folgenden Jahre dazu: Als Motorradfahrer erregte ich bei Grenzbeamten und anderen »Offiziellen« keinen Verdacht; deshalb fragten sie mich nie nach einer Arbeitsgenehmigung oder einem Journalistenvisum, das in visumspflichtigen Ländern nicht nur Journalisten benötigen, sondern zum Beispiel auch Berufsfotografen und Kameraleute. Sie hielten mich für einen ganz normalen Reisenden und begnügten sich mit meinem Touristenvisum. Das galt erst recht, wenn ich mit einer Sozia reiste.

Am 11. September 2001, dem denkwürdigen 9/11, passierte ich mit meiner damaligen Freundin Elke Wallner die Grenze von China nach Pakistan. Die Grenzbeamten waren streng, aber korrekt und interessierten sich mehr für das Motorrad als für uns. Erst im Lauf des Tages erfuhren wir mitten in Pakistan häppchenweise zuerst von einem Anschlag in New York, dann, dass der internationale Flugverkehr eingestellt worden sei, und schließlich, dass Pakistans Grenzen womöglich bald geschlossen würden, wenn nicht gar bereits dicht seien. Wir wussten noch nicht viel über die Anschläge, aber genug, um nicht in Pakistan festsitzen zu wollen. Nach Hunderten Kilometern durch starken Regen auf miserablen Straßen, davon viele Stunden in stockdunkler Nacht ohne Straßenbeleuchtung, immer die Angst im Nacken, das Land nicht verlassen zu können, erreichten wir die Grenze zu Indien. Auch hier interessierten die Grenzbeamten sich kaum für uns, und eine halbe Stunde später standen wir auf indischem Boden. Ich zweifle stark daran, dass diese beiden Grenzübertritte an 9/11 beziehungsweise einen Tag danach so reibungslos über die Bühne

Probesitzen eines Zöllners an der chinesisch-pakistanischen Grenze

gegangen wären, wenn ich mit einem Mann im Geländewagen unterwegs gewesen wäre.

Apropos Journalistenvisum. Bei meinen ersten Reisen war ich selbstredend étudiant, also Student – was ja nicht einmal gelogen war –, der nur aus Spaß fotografierte. Später, und so ist es eigentlich bis heute, versuchte ich immer den Anschein eines Amateurs zu erwecken, denn als ausgewiesener Profi braucht man in vielen Ländern nicht nur eine Genehmigung, sondern bekommt oft sogar einen Aufpasser an die Seite gestellt, und das wollte ich tunlichst vermeiden. Bis jetzt bin ich nie aufgeflogen.

Nun ist das Motorrad zwar ein hervorragendes Motiv, aber nicht unbedingt, wenn es einfach nur in der Landschaft steht. Wenn ich ohne Reisepartner unterwegs bin, kann ich die Maschine natürlich nur als eine Art Stillleben fotografieren. Viel besser wirkt sie aber, wenn sie in Bewegung ist. Und da ich die Hauptfigur meiner Reisen und Vorträge bin, sollte *ich* die Maschine fahren und nicht irgendjemand anderes. Bei den Touren, die ich heute mit Elly als Sozia unternehme, heißt das, dass sie zuerst absteigen muss, ich losfahre, je nach Untergrund einen großen Bogen schlage, damit zum Beispiel Sand oder Kies jungfräulich bleiben, zu Elly zurückfahre, während sie fotografiert oder filmt – oder erst das eine, dann das andere. Schließlich das Ganze vielleicht ein zweites und drittes Mal in verschiedenen Winkeln, sprich in anderen Perspektiven. Dank der Digitalkamera kann ich die Aufnahmen heute sofort überprüfen. Früher, als ich damit warten musste, bis ich zurück in Deutschland war und die Filme entwickelt waren, als zudem der Autofokus noch unzuverlässig war und es viel Ausschuss gab, machten wir oft bis zu zehn solcher Durchgänge, um später den besten auswählen zu können.

Ich will gar nicht wissen, wie viele Extra-Kilometer ich für solche dokumentarischen Aufnahmen zurückgelegt habe und wieviel kostbares, weil knappes Benzin ich dabei verfahren habe – der Tank fasst je nach Motorradmodell nur gut zwanzig bis maximal dreißig Liter. Trotz allem möchte ich diese Reisen auf keinen Fall missen, denn ich fand es immer cool, zu zweit auf einem schwer beladenen Motorrad unterwegs zu sein. Ich bekomme dann unweigerlich das Gefühl, weiter und immer weiter fahren zu können, ein unglaubliches Freiheitsgefühl, denn alles, was ich brauche, habe ich ja direkt bei mir.

Das Motorrad hat ganz klar aber auch Nachteile: Neben einem kleinen Tank und dem arg begrenzten Stauraum ist für mich das größte Manko, dass mich das Motorrad, so sehr es mir als Motiv und zur Kontaktaufnahme dient, in meiner Arbeit zugleich behindert. Ein Motorrad auf schlechtem Untergrund zu lenken verlangt mehr Konzentration und ist körperlich anstrengender als Autofahren, sodass man mehr Pausen braucht. Auf zwei Rädern ist man insgesamt instabiler als auf vier. Rutscht der Hinterreifen weg – weil man etwa einen Ölfleck auf dem Asphalt zu spät gesehen hat oder eine vereiste Stelle überhaupt nicht sehen konnte, weil sie von Schnee überzuckert war –, liegt man im nächsten Moment am Boden. Sobald man stehenbleibt, muss man die schwere Maschine mit den Beinen in der Balance halten. Sinkt man dabei auf der einen Seite mit dem Fuß tiefer in den Sand als auf der anderen oder tritt in eine Schneewehe, Mulde oder Rinne, liegt man schon wieder. Und ein Motorrad aufzurichten, das allein schon über

Gute Motorradaufnahmen sind aufwendig

Meine Fotoausrüstung findet auf dem Motorrad kaum Platz

200 Kilo wiegt und nicht selten bis an die Grenze seiner Traglast beladen ist, ist Schwerstarbeit.

Während der Fahrt kurz anzuhalten und schnell ein Foto zu machen, wie es bei Reisen mit dem Auto möglich ist, weil die Kamera griffbereit liegt oder weil ich gerade Beifahrer bin, scheidet zudem komplett aus. Für einen Motorradfahrer bedeutet Fotografieren: Motorrad abstellen, Helm abnehmen, Handschuhe ausziehen, Reißverschluss des Foto-Tankrucksacks öffnen, Kamera herausholen, fotografieren – und dann das Ganze in umgekehrter Reihenfolge. Und wenn ich nicht die Energie oder die Nerven habe abzusteigen, sondern direkt vom Motorradsattel aus fotografiere, tut es den Bildern gar nicht gut. Oft siegt aber der innere Schweinehund, der stets Ausreden parat hat, um nicht stehenzubleiben, etwa, dass das Motiv im Grunde gar nicht so toll ist, dass bestimmt noch ein besseres kommt.

Zu alledem wird man auf dem Motorrad deutlich stärker durchgerüttelt als im Auto. Oft bin ich derart ausgepowert, dass ich viel

Disziplin aufbringen muss, um in den Pausen oder nach Ankunft am Tagesziel noch zu fotografieren.

Was die Bekleidung betrifft, fuhr ich jahrelang mit Boots, Jeans und Lederjacke. Das widersprach aber jedem Sicherheitsgedanken und war nicht im Sinne meines Sponsors. Nun trage ich eine wegen unzähliger Protektoren ziemlich steife und schwere Schutzkleidung sowie feste Motorradstiefel. Eine solche Kluft ist perfekt fürs Motorradfahren, weil sie einen Rundumschutz bietet, aber bei allem anderen sehr hinderlich. Schon ein kurzer Spaziergang durch ein Dorf wird mühsam, wenn man einherstapft wie ein Gorilla, nach wenigen Minuten ins Schwitzen gerät und sich mit den Stiefeln Blasen läuft. Fürs Fotografieren sind solche Dinge erst recht ungeeignet. Schnell in die Knie gehen, ein Foto machen und sich locker und geschmeidig wieder erheben, ist praktisch unmöglich.

So gut das Motorrad also für die Story war, so abträglich stellte es sich hinsichtlich meiner Fotografie heraus. Es raubte mir einfach zu viel Energie. Die Zuschauerzahlen bei meinem ersten Vortrag über eine Motorradreise – *Transafrika – mit dem Motorrad von Kenia nach Kapstadt* – waren zwar so hoch wie nie zuvor, aber ich hörte von dem einen oder anderen Zuschauer: »Der letzte Vortrag war irgendwie besser.« Das war für mich das Schlimmste, was mir passieren konnte.

Dadurch wurde mir klar, dass ich meine Herangehensweise ändern musste. Ich ging dazu über, einzelne zusätzliche Reisen mit dem Auto zu unternehmen, um meine »Erzählbilder«, die während der Motorradreise entstanden, durch weitere Fotos zu ergänzen. Das erste Projekt, bei dem ich diese Taktik anwandte, war *Nil – Abenteuer und Mythos Afrika*. Da gab es einerseits eine Reise mit meinen Freunden Holger Fritzsche und Wojo Kavcic und zwei Motorrädern – eines davon eine Beiwagenmaschine, da Wojo keinen Motorradführerschein hatte. Sie führte durch Ägypten, Sudan, Eritrea, Äthiopien, Kenia und Uganda. Auf ihr entstanden die

Erzählbilder: Fotos vom Motorrad, von unseren Reiseerlebnissen. Anschließend unternahm ich drei Reisen per Mietwagen – eine nach Ägypten, eine zweite nach Ostafrika und an die Quellen des Nils nach Uganda sowie eine dritte nach Kenia –, auf denen ich mich ganz aufs Fotografieren konzentrierte und auf die Motive, von denen ich nach der Motorradreise wusste, dass sie mir noch fehlten, allen voran Menschen und Landschaften.

Als ich mir die Bildausbeute der Motorrad- und der Zusatzreisen anschaute, wurde mir klar, dass ich den eingangs erwähnten zweiten großen Sprung nach vorn gemacht hatte. Dank der Zusatzreisen hatte ich eine deutlich größere Anzahl wirklich guter Bilder nach Hause gebracht. Und so behielt ich dieses Konzept bei, unternahm fortan »Erzählreisen« und Zusatzreisen.

Für *Transafrika* war ich zwei Monate am Stück unterwegs. Sechzig Reisetage. Dabei kostete nicht nur das Motorrad viel Energie, ich verlor mit der Zeit auch an Inspiration, weshalb ich danach keine so langen Reisen mehr unternahm. Inzwischen bin ich selten länger als drei, vier Wochen am Stück unterwegs. Dafür wurden es durch das Aufziehen des Zooms *immer mehr*. Für *Wüsten der Erde* beispielsweise unternahm ich vierzig Reisen und kam auf knapp tausend Reisetage.

Zwei Probleme im Zusammenhang mit meinen Motorradreisen lösten sich auf wunderbare Weise, als ich 2008 Jörg Reuther kennenlernte, der mich seither häufig begleitet. Jörg ist ebenfalls Fotograf, aber kein Motorradfahrer, weshalb er bei diesen Reisen sozusagen das Begleitauto fährt. Für mich ist das eine große Erleichterung. Denn zum einen kann ich nun mein Gepäck ins Auto packen und auch Reservebenzin mitnehmen, zum anderen bekomme ich von Jörg tolle Motorradaufnahmen, wenn er im Auto neben mir herfährt. Dieses »betreute Fahren« lässt allerdings das Gefühl, weiter und immer weiter fahren zu können, erst gar nicht aufkommen. Es nimmt der Reise ein Stück Abenteuer.

Nüchtern betrachtet, überwiegen bei Reisen mit dem Motorrad unter dem Strich die Nachteile, denn schließlich bin ich in erster Linie nicht ein Motorradfahrer, der auch fotografiert, sondern ein Fotograf, der auch Motorrad fährt. Nicht ohne Grund bin ich meines Wissens der einzige Profifotograf, der mit einem Motorrad reist. Die Paparazzi zähle ich da nicht mit. Da ist das Motorrad – beziehungsweise der Motorroller – eher Arbeitsmittel, um sich auf der Jagd nach Prominenten durch den Verkehr schlängeln und quasi im Vorbeifahren Schnappschüsse machen zu können. Letztlich war es für mich und meine Zwecke jedoch die richtige Entscheidung gewesen, auf das Motorrad umzusatteln.

In den letzten Jahren wurden die Reisen mit dem Motorrad aber insgesamt seltener; allein schon, weil ich für *Terra* viel in Regionen unterwegs war, für die es weniger geeignet ist. Im Regenwald zum Beispiel gibt es nur wenige Straßen, und die verwandeln sich durch Schlamm und Regen allzu oft in rutschige Pisten. Das mag für einen Profi aus dem Motorrad-Geländesport ein tolles Terrain sein, ist es aber sicher nicht für mich und meine oft schwer beladene Reisemaschine. Selbst für ein Allradfahrzeug sind die Straßen dort oft eine Herausforderung, weshalb im Grunde die Flüsse die Straßen des Regenwaldes sind und kleine Boote das am besten geeignete Fortbewegungsmittel – und außerdem ein authentisches, was sie im besten Fall zu einem guten Motiv macht.

Da ich aber auch tiefer in die dortigen Gebiete vordringen wollte, war ich viel zu Fuß unterwegs. Der Regenwald war für mich nicht nur fotografisch eine Herausforderung: immer und überall Moskitos, und wegen der feucht-schwülen Luft rinnt Tag und Nacht der Schweiß. An einen entspannenden Tagesausklang war da nicht zu denken, ebenso wenig an Schlafen unter freiem Himmel.

Für Polynesien, ein weiteres der zehn »Gesichter der Erde«, die ich für *Terra* fotografierte, war das Motorrad natürlich erst recht nicht geeignet und gab es eindeutig bessere Verkehrsmittel: für die

Flüsse sind im Amazonasbecken oft die einzigen Transportwege

Reisen zwischen den Inseln natürlich Boote, Schiffe oder Kleinflugzeuge – Letztere waren oftmals derart klein, dass es Mühe kostete, neben Elly, mir und unserem spärlichen persönlichen Gepäck noch die umfangreiche Kameraausrüstung unterzubringen – und auf den Inseln selbst, zumeist winzige Eilande, die eigenen zwei Beine.

Im Allgemeinen bin ich auf meinen Reisen aber eher selten zu Fuß unterwegs. Nicht nur, weil ich zu langsam vorankomme, sondern auch, weil ich Fotograf bin und kein Lastenträger, und weil neben meinen persönlichen Sachen ja irgendwie auch noch Fotokameras, verschiedene Objektive, Stativ, in früheren Zeiten unzählige Diafilme, seit ein paar Jahren auch Videokameras plus Stativ und seit 2017 noch die Fotodrohnen transportiert werden müssen. Da kommen etliche Kilo zusammen! Und es ist schön, wenn man im Fall des Falles diese Last auf anderen Rücken abladen kann, wie zum Beispiel bei einer meiner Trekkingtouren mit Elly in Zanskar. Das ehemalige Königreich im Himalaja, heute Teil von Ladakh, ist eine einzigartige Hochgebirgslandschaft mit

Ein Pferd schleppte meine Fotoausrüstung durch Zanskar

spektakulären Pässen, tief eingeschnittenen Tälern mit türkisblau-
en Flüssen, buddhistischen Klöstern, die wie Schwalbennester an
steilen Felshängen kleben – eine traumhaft schöne Gegend, aber
nur zu Fuß erreichbar. Unser gesamtes Gepäck war auf dem Rücken von Pferden verstaut, wofür wir vor allem bei der Überque-
rung der bis über 5000 Meter hohen Pässe sehr dankbar waren,
denn in der sauerstoffarmen Luft war schon das Gehen beschwer-
lich genug. Acht Pferde waren nötig, um unsere Lasten zu tragen.
Es gab unter anderem ein »Strompferd«, das den Generator und
zwei Benzinkanister trug – wodurch ich meine Geräte aufladen
konnte. Es zog zusammen mit dem Koch und dem »Küchenpferd«
voraus, während das »Fotopferd« immer in meiner Nähe war, sodass ich Zugriff auf meine Ausrüstung hatte.

Fast alle touristischen Reisen in die Arktis und Antarktis finden auf sogenannten Expeditionskreuzfahrtschiffen statt. Und so
führte auch ich zahlreiche Reisen auf diesen meist in Russland ge-
bauten ehemaligen Forschungsschiffen durch. Der Komfort ist im

Vergleich zu üblichen Kreuzfahrtschiffen gering, aber sie bieten drei in der Polarregion unbezahlbare Dinge: eine gut beheizte Kabine, heiße Duschen und rund um die Uhr heißen Kaffee.

Wenn ich bei sturmgepeitschter See nach Stunden an Deck in meine Kabine zurückkehrte, das Notebook auf dem Bett aufklappte und die eben gemachten Bilder aufspielte, während das Eis in meinen Haaren langsam taute, wusste ich diese Annehmlichkeiten besonders zu schätzen. Ich musste vor dem Gang nach unten nur immer daran denken, die Kameraausrüstung an Deck zu verzurren, um ein folgenreiches Beschlagen von Linsen und Sensor zu verhindern.

Ein weiterer ganz großer Pluspunkt der Expeditionsschiffe waren die Zodiaks – Schlauchboote mit festem Rumpf, in denen die Passagiere in verschiedene Richtungen ausschwärmten. Es brauchte gute Beziehungen zum Bootsführer, damit er ein paar Sekunden länger an einem besonders schönen Eisberg oder an einer Eisscholle mit einer Robbe darauf stoppte und auch ein Auge zudrückte, wenn ich den Regeln zum Trotz in dem kippeligen Zodiak aufstand, um einen besseren Blick auf ein Motiv zu erhalten. Wichtig war bei solchen Ausflügen auch, dass der Bootsführer wusste, wie man sich Tieren nähert und sie dabei nicht zu sehr stört, sonst waren sie abgetaucht, noch bevor man die Kamera am Auge hatte. Anfangs ärgerte ich mich dabei häufig über Mitpassagiere, die ihr Gekicher auch im Angesicht eines

Auf einem russischen Expeditionsschiff in Franz-Josef-Land

Ehrfurcht gebietenden Walrosses nicht einstellten – inzwischen äußere ich meinen Unmut über so ein Verhalten und ernte oft dankbare Blicke der anderen Bootsinsassen.

Entscheidender Faktor bei den Expeditionsschiffen ist ihre Größe: je kleiner, desto besser. Doch bei einer Passagierzahl von unter hundert wird es sehr teuer. In dieser Hinsicht exklusiv und dennoch bodenständig war meine bislang letzte Arktisreise. Mit Ole Jørgen Liodden und Roy Mangersnes, bekannten und vielfach mit internationalen Preisen ausgezeichneten norwegischen Naturfotografen, ging es auf dem von den beiden gecharterten Trawler *MS Origo* von Spitzbergen durch die nördliche Inselwelt des gleichnamigen Archipels und bis an die Eisgrenze des Nordpolarmeers. Roy und Ole haben nach über achtzig Fotoexpeditionen in der Region nicht nur eine hervorragende Ortskenntnis, sondern wissen auch um die sensiblen Verhältnisse in der Arktis. Wir waren nur zehn Passagiere an Bord, alles Profi- oder professionell orientierte Hobbyfotografen. Roy und Ole verbrachten jeden Tag viele Stunden an Deck, um mit dem Fernglas den Horizont nach Tieren abzusuchen. Dank ihrer geübten Augen sahen wir etliche Eisbären, deren Überleben als Art zunehmend bedroht ist, hauptsächlich durch den dramatischen Rückgang des Meereises, auf dem sie auf der Jagd nach Robben die meiste Zeit ihres Lebens verbringen, aber auch durch Abschussquoten, die Alaska, Grönland und Kanada Inuitgemeinden erteilen, um diesen

Fotografen auf einem Zodiak in der Antarktis

Jörg auf dem Motorschlitten in Spitzbergen

indigenen Volksgruppen den Erhalt und die Pflege ihrer Traditionen zu ermöglichen. Vorsichtig näherten wir uns den Polarbären bis auf wenige Meter, immer darauf bedacht, sie nicht zu stören.

Einmal lösten sich aus einer großen Kolonie von Walrossen in einem Fjord einige der Kolosse, schwammen bis auf einen Meter an unsere beiden Zodiaks heran und beäugten uns neugierig. An einem anderen Tag wurde unser Schiff von einem Schwarm von etwa vierzig der nur im Nordatlantik vorkommenden Weißschnauzendelfine begleitet. Außerdem erspähten wir einen Polarfuchs in schneeweißem Winterfell und einen Zwergwal. Roy und Ole sind diejenigen, denen ich meine Bildausbeute zu verdanken habe – sie allein rechtfertigt die enormen Kosten. Außerdem machte es sehr viel Spaß, zehn Tage nur über Fotografie zu sprechen.

Festland und Inseln in diesen extremen Breitengraden erkundete ich des Öfteren mit Motor- oder Hundeschlitten oder auf Tourenskiern mit Pulka im Schlepptau. Der Pulka ist ein bootsähnlicher Transportschlitten, den man mit Hilfe eines Geschirrs, das man sich um den Oberkörper legt, hinter sich herzieht. Wenn ich schnell vorankommen wollte, sind für mich – wie auch für die Einheimischen der Arktis und die Forscher in der Antarktis – Motorschlitten das Verkehrsmittel der Wahl. Dank ihrer Gummiraupen kommen Snowmobile in fast jedem Gelände zurecht. Starke

Benzinmotoren sorgen für dreistellige Höchstgeschwindigkeiten, und sämtliche Lasten lassen sich auf einem Anhängerschlitten unterbringen: das persönliche Gepäck, Essens- und Benzinvorräte, Zeltausrüstung, in der Arktis Gewehre zum Eisbärenschutz und in meinem Fall noch die umfangreiche Kameraausrüstung.

Dennoch hat dieses Fortbewegungsmittel für mich auch Nachteile: Man muss sich mit vielen Lagen Polarkleidung und einer Frostschutzmaske gegen den eisigen Fahrtwind schützen, und beides ist beim Fotografieren extrem hinderlich. Weil die Gummiwalzen Schnee nach hinten auf den Anhänger schleudern, war meine Kameratasche zudem oft von Eisklumpen überzogen, sodass ich Mühe hatte, an den Inhalt zu kommen. Ganz abgesehen davon, dass die Ausrüstung auf dem Anhänger extremen Schlägen ausgesetzt ist.

Nicht nur der Anhänger, auch der Motorschlitten selbst bekommt bei der Fahrt über den zumeist unebenen Untergrund Schläge ab. Einmal wurde ich durch eine Bodenwelle vom Heck des Motorschlittens befördert und landete unsanft im Schnee. Wir waren zu viert, je zwei auf einem Fahrzeug, auf der zugefrorenen Davis Straße zwischen Baffin und Bylot Island unterwegs, zwei zwischen Kanada und Grönland gelegene Inseln. Weder Derek, der unser Snowmobil steuerte, noch die beiden anderen bemerkten mein Missgeschick. Und bis ich mich aufgerappelt hatte, waren sie bereits außer Rufweite und verschwanden als kleine Punkte am Horizont.

Da stand ich nun ganz allein auf dem Eis, nur eine kurze Strecke von der Eiskante entfernt, wo wir gerade noch Narwale beobachtet und jede Menge Hinweise auf Eisbären – Tatzenabdrücke und Kuhlen im Schnee – entdeckt hatten. Ich sah einmal rundum, und als ich *überall* Spuren von Eisbären sah, wurde ich panisch. Ich versuchte mich zu beruhigen, dass die anderen mein Fehlen sicher bemerken und zurückkehren würden, doch nichts dergleichen geschah. Es kam kein Derek mit dem Schlitten und auch kein

Dave – das war unser Guide – mit dem Gewehr. Zum Glück kam aber auch kein Eisbär.

Also marschierte ich Richtung Zeltlager los, wenngleich es realistischerweise außerhalb meiner Reichweite lag. Plötzlich tauchte in der Ferne ein Punkt auf, der schnell größer wurde. Dave. »Shall I give you a lift?«, fragte er mich grinsend. Mir war gar nicht nach Lachen. Ich war einfach nur unendlich erleichtert.

In der Arktis nutzte ich auch besagte Hundeschlitten als Fortbewegungsmittel – und kam zu einem ähnlichen Ergebnis wie beim Kamel, nämlich, dass Schlittenhunde und ich nicht füreinander geschaffen sind. Ein Hundeschlitten mit schönen Huskys ist ein dankbares Motiv, keine Frage. Die in der Kälte dampfenden Atemwolken der Tiere, ihr im Gegenlicht leuchtendes dickes Fell ergeben ein tolles Bild, und ein Hundeschlitten passt hervorragend in die Landschaft. Aber! Man kommt nur langsam voran – wenngleich die Hunde mit einer Tagesstrecke bis zu hundert Kilometer mehr als doppelt so viel schaffen wie Kamele. Und man ist ständig mit den Tieren beschäftigt: füttern, darauf achten, dass sie nicht durchgehen, dass sich die Leinen nicht verheddern ... Wenn ich die Führungsleine während der Fahrt in nur eine Hand nahm, um mit der anderen fotografieren zu können, blaffte mich der Guide sofort an, dass ich die Leine mit *beiden* Händen halten muss. Ich konnte aber auch nicht anhalten, weil die Hunde sich nicht um meine Kommandos scherten, weshalb ich an vielen Motiven vorbeirauschte. Und wenn ich sie doch mal zum Stoppen brachte und vom Schlitten steigen musste, um ein Motiv gut fotografieren zu können, liefen die Hunde einfach ohne mich weiter. Wie einfach war es dagegen, ein Snowmobil zu steuern. Das fuhr und blieb stehen, wann *ich* es wollte. Aber als Motiv war es natürlich weit weniger reizvoll. In der Antarktis sind Schlittenhunde im Übrigen verboten, um auf dem siebten Kontinent das Einschleppen von Parasiten zu verhindern.

In vielen Polargebieten ist allerdings das Skigehen mit dem Pulka die einzige Möglichkeit der Fortbewegung. Es ist eine sehr spezielle Erfahrung, von einem Schiff, Flugzeug oder Helikopter im Eis abgesetzt zu werden und im Nichts zurückzubleiben. Ab diesem Moment ist man völlig von der eigenen Kraft und Energie, seinem Orientierungsvermögen, dem Wetter und der Eisqualität abhängig.

Die Kombination Skier und Pulka ist ausgesprochen langsam und vor allem das mit Abstand beschwerlichste Fortbewegungsmittel. Während der Pulka in ebenem Gelände und auf blankem Eis wie von selbst dahingleitet, wird er durch Schneeverwehungen oder Schneerippel gebremst. Dazu verringern Steigungen die Gehgeschwindigkeit, und das Umgehen von Eisblöcken oder -spalten kostet Zeit. Mehr als zwanzig, dreißig Kilometer sind nicht zu schaffen, und das schränkt die Auswahl an Motiven erheblich ein, zumal sich in der Arktis und Antarktis die Landschaft eher von Woche zu Woche als von Tag zu Tag ändert.

Auf Meereis kommt die Eisdrift hinzu, die das Tagwerk über Nacht wieder zunichtemachen kann, wenn das Eis zurück an den

Hundeschlitten sind fotogen, aber anstrengend in der Handhabung

Mit dem Pulka zum Nordpol

Ausgangspunkt getrieben wird. Skigehen mit Pulka erfordert die ganze Kraft und ständige Aufmerksamkeit, und das bleibt nicht ohne Auswirkungen auf die Fotografie. Jedes Bild kostet Überwindung, denn zuerst muss einmal die Kamera aus dem mit einer Folie verschlossenen Pulka geholt werden. Will ich mich von dem Pulka entfernen, muss ich mich erst aus dem Geschirr schälen und je nach Umgebung zusätzlich die Skier abschnallen. Und um die ganze Expedition ins Bild zu bekommen, muss ich mich als Fotograf zurückfallen lassen oder vorauseilen. In jedem Fall steht vor oder nach dem Foto ein Spurt an. Zwar war ich immer bestrebt, die Kameraausrüstung auf ein Minimum zu reduzieren, dennoch kam einiges Gewicht zusammen. So verzichtete ich nie auf ein Ersatzgehäuse, mein Notebook zur Sicherung der Bilder und auf genügend Akkus. Bei einer vierzehntägigen Skiexpedition in Queen Maud Land in der Ostantarktis hatte ich zur Sicherheit acht schwere Lithium-Ionen-Akkus dabei, denn der Ladebedarf der Kamera-Akkus übersteigt meist die Leistung der mitgeführten Solarpaneele.

Als *Motiv* ist das Skigehen mit Pulka natürlich attraktiv. Eine Gruppe Skigeher vermittelt dem Betrachter ein Gefühl für die ungeheuren Dimensionen polarer Landschaften. Kommen extremes Wetter und Gegenlicht hinzu, entstehen besondere Aufnahmen.

Ich durfte diese Erfahrung zum ersten Mal im Jahr 2011 am Nordpol, dann wieder in Queen Maud Land und zuletzt auf Baffin Island machen.

Öffentliche Verkehrsmittel wie Busse, Züge und Sammeltaxis sind in den meisten Ländern, die ich bereise, für große Teile der Bevölkerung die einzige Möglichkeit, Verwandte zu besuchen, Einkäufe zu erledigen oder sonstige Besorgungen zu machen. Insofern läge es für einen Fotografen eigentlich auf der Hand, ebenfalls so zu reisen. Denn in den Zügen und Bussen pulst das Leben. Getränke und warme Speisen werden an Bahnhöfen in die Zugfenster gereicht, lebendes Vieh landet im Gepäckfach. Auch die Zwischenstopps an improvisierten Raststätten oder verlassenen Bahnhöfen bieten oft tolle Motive. Manche Fotografen lassen sich bewusst darauf ein und werden mit Bildern und Geschichten reich belohnt. Für mich kam diese Art zu reisen trotzdem nie in Frage, denn ich hätte es nicht ausgehalten, an den schönsten Motiven vorbeizufahren oder die tollsten Lichtstimmungen nur hinter einer angelaufenen Zugscheibe zu erleben. Wer Bus oder Bahn fährt, muss sich zudem nach einer vorgegebenen Route und einem Fahrplan richten, bei meinen Reisen bestimmt hingegen die Fotografie Reiseroute und Reiseablauf.

Noch dazu weiß ich nicht, ob ich die 300 Fernreisen meines Lebens heil überstanden hätte, wenn ich immer mit öffentlichen Verkehrsmitteln gereist wäre. Ich habe schon viele Waggons und Busse in Schluchten liegen sehen – und habe bis heute kein gutes Gefühl, wenn ich in Peru in einen Linienbus steige. Auf manchen Strecken ist man in diesem Moment verpflichtet, seinen Namen in eine Videokamera zu sprechen – um im Fall eines Unfalls einfacher identifiziert werden zu können.

# Meine Reise- und Fotopartner

In den ersten Jahren, als bei mir mehr das Reisen an sich und das Abenteuer im Mittelpunkt standen, war ich häufig mit zwei, drei oder gar vier Freunden unterwegs. Als ich das Fotografieren zum Beruf machte und es bei meinen Reisen folglich stärker um die Fotografie ging, fand ich schnell heraus, dass ich die Gruppe klein halten musste und nur Reisepartner dabeihaben konnte, die akzeptierten, dass sich alles um die Fotografie dreht. Das bedeutet, dass allein sie bestimmt: Hier wird angehalten und auf das Nachmittagslicht gewartet, wir stehen morgen früh um vier auf, wir fahren heute bis nach Mitternacht … Punkt. Keine Diskussion. Ich schenkte jedem, der mich auf eine Reise begleiten wollte, vorher reinen Wein ein; doch so mancher glaubte nicht, dass ich es konsequent durchziehe.

Ralf zum Beispiel. Wir kennen uns seit fast vierzig Jahren. Er ist unheimlich interessiert an der Welt, leidenschaftlicher Hobbyornithologe, hat einen guten Humor, kommt aber selten vor elf Uhr aus dem Bett. Er wollte unbedingt mit in die Mongolei und bat so hartnäckig darum, dass ich schließlich einwilligte. Damals war Arte in das Projekt *Planet Wüste* eingestiegen und drehte den Fünfteiler *Michael Martin – Abenteuer Wüste*, für den mich jeweils ein Filmteam – Regisseur, Kameramann und Tonmann – auf fünf der insgesamt vierzig Reisen begleitete, unter anderem auch in die Mongolei. Es kostete mich jeden Morgen meinen letzten Nerv, Ralf aus dem Bett zu bekommen. Irgendwann stolperte er dann schlaftrunken ins Auto, ohne Kaffee, ohne Frühstück. Das Schlimmste aber war für mich, dass er dauernd anhalten wollte, um irgendwelche Piepmatze zu beobachten, die er irgendwo in der Steppe gesehen hatte. Und das, obwohl ich ihm vor der Reise klipp und klar gesagt hatte, dass wir nur dann stehenbleiben würden, wenn das Arte-Team filmen oder ich fotografieren will, und garantiert *nicht* wegen seiner Vögel, und er mir hoch und heilig versprochen hatte, dass er uns nicht bei unserer Arbeit stören und sich komplett nach uns richten würde.

Irgendwann haben wir Ralfs Bitten nach dem nächsten Stopp einfach ignoriert. Darauf wandte er einen infamen Trick an, den wir nicht sofort durchschauten: Zufällig drückte seine Blase immer dann, wenn er einen Vogel sah. So konnte er ihn immerhin ein, zwei Minuten lang beobachten.

Ralf und ich sind trotzdem noch Freunde, aber ich bin mir nicht sicher, ob ich ihn noch mal mitnehmen werde oder einen anderen Freund oder irgendjemand anderen, der mit dem Projekt nichts zu tun hat. Meine Reisen sind in erster Linie Arbeit, und bei einem Schreiner sitzt auch nicht die Tante neben der Hobelbank.

Meine Tochter Gina war ein Jahr alt, als sie zum ersten Mal einen Elefanten in freier Wildbahn sah. Natürlich war sie viel zu jung, um etwas damit anfangen zu können. Das war drei Jahre später anders, als Kay Maeritz und ich sie auf eine sechswöchige Fotoreise durch Namibia und Botswana mitnahmen. Gina liebte das wilde Camping- und Reiseleben und begleitete mich fortan auf vierzig Reisen rund um die Welt. Ihre Mutter, von der ich seit 1991 getrennt war, wusste unsere Tochter in sicheren Händen, und Gina spürte, dass ihr Papa keine unnötigen Risiken einging.

Ich habe meine beiden Kinder oft auf Reisen mitgenommen

David und Gina im Jahr 2016 auf dem Burning Man Festival, Nevada, USA

Mein 1996 geborener Sohn David begleitete mich und seine Schwester im Alter von neun Jahren zum ersten Mal nach Afrika. Wir fuhren mit einem ausrangierten Transporter auf derselben Route, die ich als Siebzehnjähriger auf dem Mofa zurückgelegt hatte, nach Marokko; von dort ging es weiter durch die Westsahara nach Mauretanien und schließlich über den Senegal und Mali bis nach Ouagadougou, die Hauptstadt von Burkina Faso. Mehr Afrika in sechs Wochen Schulferien geht nicht. Auch Davids Mutter vertraute mir. Allerdings war sie dann doch leicht irritiert von einem Foto aus Burkina Faso, das den kleinen David auf einem großen Krokodil sitzend zeigt.

Unsere letzte gemeinsame Fotoreise führte Gina, David und mich im Sommer 2016 zum Burning Man Festival in die Black-Rock-Wüste nach Nevada. Ich fotografierte rund um die Uhr dieses legendäre Kunst-Happening- und Musik-Festival, und meine Kinder zeigten sich tief beeindruckt von dem Spektakel. Seither vergleichen sie jedes deutsche Provinz-Open-Air mit dem Burning Man.

Meine Reiseerfahrungen mit den beiden sind unterschiedlich ausgefallen. Mal waren sie Türöffner und erleichterten mir den Kontakt zu Einheimischen, mal machte ich mir Sorgen um ihre Gesundheit, mal hätte ich sie auf den Mond schießen können, denn es bleibt nicht aus, dass Kinder auch mal quengeln, weil sie müde, hungrig oder durstig sind, und dann wieder war ich einfach froh, sie an meiner Seite zu haben. Als Motiv wollte ich sie nie einsetzen, denn ich will sie einfach vor zu viel Öffentlichkeit schützen. Auf jeden Fall konnte ich ihnen ganz nebenbei die Welt zeigen und meine Werte von Toleranz und Weltoffenheit vermitteln. Beide reisen bis heute gern selbständig um die Welt.

Obwohl also meine Reisen für mich in erster Linie Arbeit sind, versuche ich trotzdem, sie nicht als reine Fotoproduktionen zu verstehen. Ich will nicht zum zynischen Fotoproduzenten werden, der die Authentizität quasi nur spielt. Daher versuche ich, die Reisen weiterhin als Abenteuer zu begreifen, als etwas nicht völlig Planbares, in dem es immer wieder Überraschungen gibt, und sie als Chance zu sehen, andere Kulturen kennenzulernen und mich darauf einzulassen – und dennoch professionell zu arbeiten. Mit meinem Freund Jörg Reuther und meiner Frau Elly bekomme ich diese Mischung wunderbar hin.

Jörg und ich waren, nachdem wir uns kennengelernt hatten, schnell Freunde geworden. Wir ähneln uns in vielen Dingen. Er

Mein Freund und Kollege Jörg in Äthiopien

Mit Jörg als Reisepartner bekomme ich auch Bilder von mir, Island

hat den gleichen schwarzen Humor und als Geologe, freiberuflicher Fotograf sowie Familienvater einen ähnlichen persönlichen Hintergrund wie ich. Außerdem ist er auf Reisen genauso genügsam wie ich, schläft auf jedem Untergrund, kommt tageweise ohne Essen aus, jammert nie und hat wie ich viel von der Welt gesehen. Wir haben seit 2010 viel zusammen erlebt und können uns hundertprozentig aufeinander verlassen.

Im Unterschied zu mir würde sich Jörg jedoch nie auf eine Bühne stellen. So gesellig und lustig er ist, bleibt er lieber im Hintergrund, auch beim Fotografieren. Er wartet auf seinen Moment, ist dann aber voll da. Seine Bilder sind technisch perfekt und hervorragend gestaltet. Neben seinen schönen Porträt- und Landschaftsbildern versteht er es meisterhaft, Menschen in Landschaften zu fotografieren. Jörgs Markenzeichen ist der geradezu beiläufige Einbau des Protagonisten in irgendeine Ecke des Bildes, und trotzdem gelingt es ihm hervorragend, mein Lebensgefühl und den Abenteuerkontext einzufangen.

Meine Frau Elly ist neben Jörg meine häufigste Reisepartnerin, Peru

Jörg war technisch immer innovativ. Er besaß schon sehr früh Mac-Computer, stieg zudem früh auf Digitalfotografie um und arbeitete sich in die Nachbearbeitung ein. Als ich mir 2009 meine erste Digitalkamera zulegte und mit der neuen Technik ziemlich überfordert war, teilte Jörg freigebig seine Kenntnisse und Erfahrungen mit mir. Alles, was ich heute über digitale Fotografie, digitale Projektion, Bearbeitung von RAW-Dateien und so weiter weiß, habe ich von ihm gelernt – das meiste davon auf unseren gemeinsamen Reisen. Jörg war auch einer der ersten Fotografen, die sich mit der vor Jahren aufkommenden Drohnenfotografie befassten.

Elly und ich lernten uns im Frühling 2012 kennen, wurden noch im Sommer ein Paar und heirateten im Jahr 2014. Unsere erste gemeinsame Fernreise führte uns nach Namibia. Dieses Land hatte ich zwar schon sehr oft besucht, aber ich wollte Elly unbedingt Afrika zeigen. Damals steckte ich mitten in den Reisen für *Planet Wüste*, und so begleitete Elly mich bald in viele Länder. Sie hat ein echtes Interesse an der Welt und ist für jedes Reiseziel zu haben, auch wenn die Bedingungen rau sind. Sie umrundete mit mir die Antarktis, steuerte bei minus dreißig Grad ein Snowmobil auf Spitzbergen und schaufelte im Tschad unseren Geländewagen aus dem Saharasand …

Aber sie hat Angst vor Mäusen, wie ich seit unserer Reise zum sogenannten Kuhmaul – indisch *Gaumukh* – weiß. Das Gaumukh ist ein breites Gletschertor im Himalaja, aus dem Schmelzwasser schießt und einen reißenden Gebirgsfluss formt: den Bhagirathi, besser bekannt als rechter Quellfluss des Ganges. Die Hindus verstehen also das Gaumukh als eine der Quellen ihres heiligen Flusses. In Gangotri, einem Pilgerort, hatten wir unsere Rucksäcke geschultert und waren unserem nepalesischen Guide Kumasei dem Bhagirathi flussaufwärts in Richtung Gaumukh gefolgt. Als es mittags zu schneien begann, liefen wir auf ein paar steinerne Hütten zu. Aus einer trat ein hochgewachsener, in rote und gelbe Tücher gewandeter Sadhu, ein »heiliger Mann«, und winkte uns mit einer einladenden Geste zu sich. »Das ist Mauni Baba«, flüsterte Kumasei. Wie wir später erfuhren, lebte der Sadhu damals bereits seit zwölf Jahren in seiner Klause und bewirtete in den kurzen Sommern gern Pilger und Wanderer. Wir durften in seinem Refugium Platz nehmen und bekamen ein warmes veganes Essen und Masala Chai: Schwarztee mit Gewürzen, Milch und Zucker. Dabei fiel mir auf, dass unser Gastgeber zwar die Lippen bewegte, als ob er sprechen würde – aber es kam kein noch so leises Wort aus seinem Mund. Als ich Kumasei danach fragte, erklärte er, dass Mauni Baba faste und schweige. Als wir nach einem Platz für unser Zelt fragten, lud uns der Sadhu ein, in einer winzigen Hütte zu schlafen, in der seine Vorräte für den Winter lagerten. Was das bedeutete, erfuhren wir nachts, als fortwährend Mäuse durch den Raum flitzten. Elly trug es mit bewundernswerter Fassung, doch als ihr einer der Nager über das Gesicht lief, verlor sie kurzzeitig die Contenance.

Elly im Himalaja, auf Java und in Äthiopien

Anders als Jörg ist Elly keine Profifotografin, aber sie fotografierte und filmte dennoch mit, half mir bei der Suche nach Motiven und beim Transport der Ausrüstung. Das Wichtigste jedoch war, dass wir durch das gemeinsame Reisen viel Zeit miteinander verbringen konnten. Auch bei *Terra* war Elly, neben Jörg, wieder meine wichtigste Reisepartnerin. Wir waren lange gemeinsam in Polynesien, an den Vulkanen Vanuatus und Indonesiens, kämpften gegen eisige Kälte im winterlichen Jakutien, wanderten mit Pferden durch Zanskar und erklommen Eisriesen in den Anden.

Ich bewundere an Elly ihre körperliche Fitness. Schlank und mit langen Beinen gesegnet, nenne ich sie Gazelle. Scheinbar mühelos zieht sie in Fels und Eis steile Hänge nach oben, die mich meine letzten Reserven (und Nerven) kosten. Außerdem zeichnet sie sich durch eine erstaunliche Furchtlosigkeit aus, die in Verbindung mit meiner Vorsicht immer wieder zu den richtigen Entscheidungen führt. Und nicht zuletzt schätze ich, dass sie mich hinsichtlich des Reisens in meiner Zielstrebigkeit unterstützt. Sie weiß um die Bedeutung guter Bilder und den oft langen Weg dorthin. Ein schöner Nebeneffekt des Reisens mit Elly ist, dass wir als Paar viel einfacher Einheimische, aber auch andere Reisende kennenlernen und dass Elly in Kulturkreisen, in denen es mir als Mann nur schwer oder gar nicht möglich wäre, Kontakte zu Frauen herzustellen, oft als unersetzliche Mittlerin fungiert.

# Die Suche nach Motiven

Mein Leben als Fotograf ist im Grunde eine einzige lange Suche nach Motiven. Während meiner Reisen wandern meine Augen ständig durch die Landschaft, ob vielleicht eine Karawane auf mich zu zieht, ob ich eine Robbe auf einer Eisscholle entdecke oder das Wetter für eine besondere Lichtstimmung sorgt. Das erfordert viel Aufmerksamkeit und Konzentration, weshalb ich nie Urlaub in Gebieten mache, die für meine beruflichen Interessen relevant sind, denn ich würde ständig nur Ausschau nach Motiven halten. Ich nehme nicht einmal eine Kamera mit in den Urlaub, sondern fotografiere mit dem Handy und die Bilder sind dann nicht besser als von jedem Hobbyfotografen. Ich trenne also ganz klar zwischen privater und beruflicher Fotografie, vermutlich eine Art Selbstschutz, denn sonst könnte ich nie abschalten.

Dank meiner Berufserfahrung kann ich schnell zwischen interessanten und uninteressanten Motiven unterscheiden. Dennoch besteht immer die Gefahr, die falsche Entscheidung zu treffen; dass ich zum Beispiel an einer schönen Jurte vorbeifahre, in der Hoffnung, dass noch eine ebenso schöne kommt, vor der aber mehr Ziegen stehen. Und wenn ich Pech habe, stehen vor der nächsten Jurte weniger Ziegen – oder sehr viele, dafür ist die Jurte mit Plastikplanen statt mit Filzbahnen abgedeckt.

Im Lauf der Jahre habe ich jedoch eine gute Intuition entwickelt und kehre daher auch mal nach ein paar Minuten um, um *doch* die erste Jurte zu fotografieren. Dieses Gespür ist vor allem in Regionen wertvoll, die ich das erste Mal bereise – wo ich also nicht weiß, was mich noch erwartet. Auch ein einheimischer Fahrer oder

Morgendliche Motivsuche im Hochland Namibias

ein Guide ist mir da keine Hilfe, denn sie können nicht wissen, worauf genau ich Wert lege.

Im Lauf der Jahrzehnte bin ich naturgemäß anspruchsvoller geworden. In den ersten Jahren fotografierte ich trotz teurer Filme letztlich viel zu viel, weil alles neu, alles exotisch war. Heute steige ich nicht mehr wegen jedem Kamel vom Motorrad oder aus dem Auto, weil ich schon so viele Kamele im Archiv habe; stattdessen konzentriere ich mich gezielt auf Motive, die neu sind oder schlicht noch bessere Bilder versprechen.

Diese Herangehensweise kann natürlich auch zu Frust führen, weil man seltener fündig wird. Mittlerweile gibt es oft Tage, an denen ich kein einziges Mal auf den Auslöser drücke, weil ich kein wirklich gutes Motiv finde oder auch einfach nur, weil das Wetter nicht optimal ist. Bevor ich zum Selbstzweck oder aus Langeweile fotografiere, lasse ich es lieber bleiben. Und bevor ich schlechte Bilder mache, mache ich lieber gar keine. Das hat zwei Seiten: Einerseits tut es den Bildern gut, dass ich anspruchsvoller geworden bin, andererseits bin ich abgebrüht und kann mich seltener begeistern, muss mich daher immer wieder selbst motivieren. Aber das hat man in jedem Beruf. Ein Bäcker wird nach zwanzig Jahren in der Backstube ebenfalls mit größerer Begeisterung ein neu kreiertes Teilchen backen als die Brezel, die er schon seit seiner Lehrzeit fabriziert. Der Enthusiasmus und die Neugier der Anfangsjahre hatten auf jeden Fall ihr Gutes. Heute verpasse ich auch mal die Gelegenheit für ein außergewöhnliches Bild, weil ich denke, ach, habe ich schon, und daher im Auto sitzenbleibe. Wenn mir dann auffällt, dass die Situation *sehr wohl* ihren Reiz hat oder sie sich nun doch zu einem besonderen Motiv entwickelt, ist es oft zu spät.

Wie gesagt, habe ich zu Beginn meiner Reise nur eine ungefähre Vorstellung von den Motiven, die ich fotografieren möchte. Ich schaue mich um und lasse mich von der Stadt, von der Landschaft, von Festen oder anderen Situationen inspirieren. Aber egal, ob während der Fahrt oder bei einem Gang durch eine Ortschaft: Die Kamera ist immer dabei – im Foto-Tankrucksack auf dem Motorrad, auf der Rückbank des Autos oder im Fotorucksack auf dem Rücken.

Um die Einheimischen, die ja immer auch potenzielle Motive sind, nicht zu verschrecken, fahre ich nie bis unmittelbar an ein Zelt oder eine Jurte heran, sondern stelle mein Fahrzeug immer in einigem Abstand ab, nähere mich dann zu Fuß – und nehme natürlich gegebenenfalls Helm und Sonnenbrille ab. Ich schnappe mir auch nicht Stativ, Kameras, Riesenteleobjektiv sowie Drohne und laufe behangen wie ein Christbaum los, sondern gehe ganz ohne alles oder nur mit einer Kamera über der Schulter auf die Menschen zu und stelle erst einmal einen Kontakt her. Erst dann frage ich, sofern sich das Gespräch gut entwickelt, ob ich fotografieren darf. Das heißt natürlich, dass ich zurücklaufen muss, um zu holen, was ich brauche: die Kamera, früher, als ich mit unterschiedlichen arbeitete, gegebenenfalls eine andere Kamera, das passende Objektiv, ein Stativ, was auch immer. Manchmal würde ich mir da einen Assistenten wünschen, den ich losschicken kann. Aber in vielen Regionen muss ich ohnehin schon einen Guide oder Dolmetscher engagieren. Solange ich die Sahara und die Wüsten Afrikas bereiste, kam ich ganz gut mit Englisch und Französisch über die Runden, doch je weiter ich das gedachte Zoomobjektiv aufzog, desto öfter stieß ich mit meinen Sprachkenntnissen an Grenzen.

Wenn etwas meine Aufmerksamkeit erregt, muss ich unterscheiden: Ist das Motiv *jetzt* schon da? Wenn ja, ist es vergänglich oder dauerhaft? Oder könnte etwas ein Motiv *werden*? Das Beste ist natürlich, wenn das Motiv schon da ist und auch bleibt. Nehmen wir eine schöne Sonnenblume oder eine ungewöhnliche Gesteinsformation: Beide können nicht weglaufen. Dann kann ich mir Zeit lassen, kann das Motiv in Ruhe aus verschiedenen Blickwinkeln und Distanzen betrachten und gegebenenfalls auf bessere Lichtverhältnisse warten. Ist das Motiv schon da, aber vergänglich, zum Beispiel ein Vulkanausbruch oder Nordlichter, muss ich natürlich sofort reagieren.

Kein Vulkan hat mich so fasziniert wie der Yasur auf Tanna, Vanuatu

Tierfotografie erfordert viel Erfahrung und Geduld

Grundsätzlich sind auch Menschen und Tiere vergängliche Motive in dem Sinne, dass sie sich bewegen. Damit meine ich nicht nur, dass mein Motiv aufstehen und weggehen kann, sondern zum Beispiel auch, dass sich die Mimik verändert. Das bedeutet zugleich, dass sie je nach Situation auch erst ein Motiv *werden* können. Wenn ich im Masai-Mara-Naturschutzgebiet oder in der Serengeti einen Geparden sehe und in der Ferne eine Gazellenherde, kann es sich lohnen, zu warten, ob der Gepard sich entschließt, Jagd auf eine Gazelle zu machen. Kurz gesagt muss ich entscheiden: Muss ich schnell sein, kann ich mir Zeit lassen, oder – und das ist für mich als ungeduldigen Menschen am härtesten – muss ich warten?

# Die Gestaltung meiner Bilder

Angenommen, ich habe ein Motiv gefunden. Bevor ich die Kamera ans Auge halte, muss ich das richtige Objektiv wählen. Es ist eine Frage der Erfahrung, ob ich zu einem Standardzoom, Weitwinkel oder Tele greife. Zoomobjektive verschaffen einen gewissen Spielraum, aber auch da gibt es Weitwinkel und Tele. Grundsätzlich gilt: Wenn ich einen weiten Horizont brauche, also einen größeren Bildwinkel, verwende ich das Weitwinkel. Ebenso, wenn ich den Vordergrund betonen möchte. Manchmal ist es aber auch eine kaum zu bewältigende Herausforderung, den Vordergrund eines Weitwinkelbildes kreativ zu füllen. Und wenn ich ein Motiv heranholen möchte, um es größer zu machen oder die Perspektive zu verdichten, wähle ich ein Teleobjektiv. Ganz so einfach ist es zwar nicht; das ist jetzt nur das Grundsätzliche.

In 99 Prozent der Fälle fotografiere ich im Querformat. Bei manchen Motiven, einem Minarett zum Beispiel oder einer einzelnen Giraffe, wäre eigentlich das Hochformat erste Wahl, aber da die Leinwände bei Vorträgen im Querformat sind, fotografiere ich entsprechend. Außerdem sieht eine Überblendung von Quer- und Hochformat nicht schön aus. Deswegen projizieren auch alle professionellen Vortragskollegen ausschließlich quer.

Hin und wieder wähle ich beim Fotografieren dennoch das Hochformat; obwohl ich mich fast dazu zwingen muss. Das liegt schlicht daran, dass Bücher üblicherweise im Hochformat sind. Will man ein Foto ganzseitig abbilden, ohne es zu beschneiden, muss es daher entsprechend fotografiert sein.

Mädchen in Rajasthan

Normalerweise aber ist meine Welt eine 2:3-Welt. Alles spielt sich im 2:3-Format ab; im Oskar-Barnack-Format. Oskar Barnack war Entwicklungschef bei Leitz und konstruierte 1914 die erste Kleinbildkamera, und zwar mit einem Bildformat von 24 mal 36 mm. An diesem 2:3-Verhältnis hat sich bis heute nichts geändert – trotz aller technischen Fortschritte. Ob später Dias oder heute Digitalfotos: Üblicherweise sind alle Bilder von Kleinbildkameras in diesem idealen Format, das im Grunde auch unserem Gesichts- und Blickfeld entspricht.

Kommen wir zum Ausschnitt. Ihn von Anfang an richtig zu wählen ist deshalb so wichtig, weil er sich im Nachhinein nicht mehr wesentlich verändern lässt. In der Diafotografie war er noch unveränderbar. Und da ich jahrzehntelang mit Diafilmen fotografiert habe, gehört die Wahl des richtigen Ausschnitts vor dem Fotografieren zu meinem Handwerk. Dank der Digitalfotografie kann ich einen Ausschnitt heutzutage zwar verengen, was aber mit einem Verlust an Auflösung einhergeht. Erweitern kann ich ihn jedoch nicht. Im Nachhinein betrachtet bin ich froh, dass ich durch die harte Schule des analogen Fotografierens gegangen bin, denn es hat mich zu sauberem, exaktem Arbeiten gezwungen, und davon profitiere ich bis heute. Sollte ich tatsächlich doch einmal die Kante einer Wand am Ausschnittrand übersehen haben, nehme ich durchaus schon mal nur 99 Prozent des Bildes. Aber größere Ausschnittkorrekturen mache ich nicht.

Der Ausschnitt wird bestimmt durch das Objektiv, aber auch durch meine Position. Bei geringer Distanz zum Motiv kann ich zwei Schritte nach vorn gehen, wenn mir der Bildausschnitt zu weit ist, und wenn er mir zu eng ist, kann ich ein Stück zurücktreten. In einer schmalen Gasse kann ich mich zwar nicht viel bewegen, aber ansonsten bin ich sehr aktiv und tanze quasi vor dem Motiv hin und her, vor und zurück, um den richtigen Abstand zu finden. Wenn ich beim Fotografieren den Ausschnitt durch Veränderung meiner Position nicht zufriedenstellend hinbekomme, wechsle ich halt das Objektiv oder drehe am Zoomring.

Die Wahl des Ausschnitts ist, wie die Fotografie generell, immer subjektiv. Und sie ist in gewisser Weise Manipulation; denn wenn ich den Ausschnitt so wähle, dass der hässliche Hochspannungsmast nicht mit ins Bild kommt, ist das im Grunde ein Manipulieren der Realität. In diesem Spannungsfeld muss ich leben, und das halte ich auch aus. Wichtig ist nur, dass ich Grenzen einhalte. Dass ich zwar durch die Wahl des Ausschnitts meine subjektive Wahrnehmung der Realität abbilde, nicht aber die fertigen Bilder manipuliere, indem ich Bildelemente entferne oder hinzufüge. Grenzen einzuhalten heißt für mich auch, dass ich bei Porträtaufnahmen die Bilder im Sinne der Porträtierten mache, dass ich den Charakter oder die Lebenssituation der Leute wiedergebe und nicht verfälsche.

Auch macht es einen großen Unterschied, ob ich von unten fotografiere, also zum Beispiel in die Knie gehe, oder von oben, indem ich mich auf die Motorhaube oder einen Stein stelle, oder ob ich einen Menschen von links oder rechts fotografiere. Bei großer Distanz zum Motiv wie beispielsweise einer Panoramaaufnahme nutzt das Herumtänzeln herzlich wenig und macht es auch keinen Unterschied, ob ich einen Meter höher oder tiefer stehe. Das Bild würde sich dadurch kaum verändern.

Entscheidend beim Fotografieren ist oftmals der richtige Zeitpunkt. Das kann bedeuten, dass ich auf die optimale Lichtsituation warte, dass zum Beispiel die Sonne wieder hinter der Wolke hervorkommt; oder dass ich warte, bis eine Fahne weht oder ein Baum, der im Wind steht, kurz Licht durch seine Blätter lässt. Wenn es um lebende Objekte wie Menschen oder Tiere geht, beobachte ich meist erst eine Zeitlang die Bewegungen und die Mimik im Sucher, bis ich den richtigen Zeitpunkt für gekommen halte – und dann drücke ich ab, vielleicht auch mehrfach. Früher musste ich

Mädchen in der Danakilwüste Äthiopiens

mir genau überlegen, wie viele Fotos ich von einem Motiv mache, um nicht unnötig Film zu verschwenden. Dennoch experimentierte ich manchmal mit verschiedenen Belichtungen, fotografierte zusätzlich mit einer halben oder einer Drittel Blende mehr oder weniger als der angegebenen Belichtung, denn der Diafilm musste genau belichtet werden. In der Digitalfotografie ist das nicht mehr nötig. Natürlich versuche ich meine Bilder weiterhin richtig zu belichten – dafür sorgt schon der Belichtungsmesser –, aber die Feinkorrektur erfolgt heutzutage in der Nachbearbeitung. Insofern kann ich mich mehr auf das Motiv konzentrieren, bei Menschen und Tieren eben auf die Mimik und die Bewegungen.

Ein wichtiges Kriterium für die Wirkung eines Bildes ist die Anordnung der verschiedenen Bildelemente im Bildausschnitt. Wenn es sich um Landschaften handelt, kann ich die Anordnung nur ändern, indem ich meinen Standpunkt, also die Perspektive ändere. In den weiten Landschaften der Wüsten und Polarregionen können es viele Kilometer sein, die ich mich deswegen mit

Brunnen in der Sahelzone im Tschad

der Kamera bewegen muss. Vor einer Jurte dagegen braucht es oft nur wenige Zentimeter, um die Anordnung der Bildelemente zu verändern, um zum Beispiel zu verhindern, dass eine Parabolantenne in ein Motorrad hineinragt.

Wenn das nicht hilft, würde ich eventuell auch darum bitten, das Motorrad zur Seite zu schieben. Schwieriger ist es bei Tieren, insbesondere bei Herden, die kaum steuerbar sind. Hier ist das Abpassen des richtigen Zeitpunkts gefragt. Das gilt auch für Menschen in Bewegung oder bei der Arbeit. Ich würde mir als Fotograf nie erlauben, in solchen Situationen die Protagonisten hin und her zu kommandieren. Etwas anders liegen die Dinge, wenn ich um ein Porträt einzelner Personen oder ganzer Gruppen gebeten habe. In diesem Fall greife ich durchaus in die Anordnung ein, denn es hilft weder den Porträtierten noch mir als Fotograf, wenn die Leute sich gegenseitig verdecken oder unglücklich im Bild stehen.

# Der Weg zum Porträt

Porträtaufnahmen sind in den meisten Fällen sogenannte gestellte Fotos. Wobei ich dieses Adjektiv ablehne, denn es klingt für mich wie unnatürlich oder künstlich. Porträtfotos sind natürlich keine Schnappschüsse, sondern Bilder, für die ich das Einverständnis des Fotografierten einhole. Ich habe nie etwas davon gehalten, Menschen heimlich zu fotografieren, sie mit einem Tele oder aus einem Versteck heraus »abzuschießen«. Es gab früher sogar einen Winkelvorsatz für Objektive, mit dessen Hilfe man quasi um die Ecke fotografieren konnte, während man augenscheinlich in eine ganz andere Richtung schaute. Das war in meinen Augen entwürdigend – für den Fotografen und für das Motiv – und es ergab auch keine guten Bilder.

Für gute Porträtaufnahmen muss zwischen mir und der Person für die Zeit des Fotografierens eine Verbindung bestehen. Das muss vorbereitet werden. Ich kann nicht einfach aus dem Auto springen, auf einen wildfremden Menschen zugehen und sagen: »Ich mach jetzt ein Bild von Ihnen.« Zuerst muss ich Vertrauen herstellen und vor allem eine entspannte Situation schaffen. Dazu muss zumindest ein kurzes Gespräch stattgefunden haben. Das muss nichts Tiefgründiges sein. Vielleicht ist die Person eine Händlerin, der ich zuerst eine Kleinigkeit abkaufe. Oder es geht um den Besitzer der Werkstatt, in der ich gerade mein Motorrad reparieren durfte. Oder um eine alte Mongolin, die ich vor ihrer Jurte antreffe und mit der ich mit Hilfe eines Übersetzers oder eines einheimischen Fahrers über das Allerweltsthema Wetter rede. Ist diese Hürde genommen, kann ich mich als Fotograf einführen und fragen, ob

Marktfrau auf dem Montagsmarkt von Djene, Mali

ich eine Porträtaufnahme machen darf. Es kostete mich jahrelange Übung und fällt mir bis heute nicht leicht, um ein Porträt zu bitten. Denn auch wenn man mir das auf der Bühne nicht anmerkt, wo ich problemlos vor tausend Menschen rede, bin ich im Grunde ein schüchterner, zurückhaltender Mensch. Ab und zu handle ich mir mit der Bitte nach einer Porträtaufnahme einen Korb ein, dann insistiere ich auf keinen Fall. Meistens jedoch willigen die Menschen ein.

Dann knie ich zum Beispiel vor der alten Mongolin, die mittlerweile auf ihrem Bett in der Jurte sitzt. Ich hole ein Kameragehäuse aus dem Rucksack – um die Frage nach dem richtigen Film oder der noch verfügbaren Anzahl an Bildern muss ich mich in Zeiten der Digitalfotografie zum Glück nicht kümmern; muss mich aber nun entscheiden, ob ich ein Zoomobjektiv nehme, mit dem ich zwar den Ausschnitt variieren kann, aufgrund der maximal möglichen Blende von 2,8 aber die Frau nicht gut freigestellt bekomme. »Freistellen« bedeutet, dass das Gesicht und vielleicht

noch der Oberkörper scharf sind, während der Hintergrund ver-
schwimmt. Oder ob ich ein Standardzoom verwende und, falls ja,
ob eines, mit dem ich auch noch das Bett mit aufs Bild bekomme
und mit einem Dreh am Zoomring nur den Kopf der Frau erfassen
kann. Dann nehme ich einige Voreinstellungen vor – zum Beispiel
Belichtungszeit. Während dieser Zeit unterhalte ich mich weiter
mit ihr, frage sie zum Beispiel, wie viele Kinder und Enkelkinder
sie hat. Erst dann setze ich die Kamera ans Auge. Interessanterweise
lächeln Menschen außerhalb Europas nur selten, wenn sie porträ-
tiert werden. Denn in vielen Kulturen ist ein Porträt eine ernste Sache. Und dies gestehe ich den Menschen auch zu. Der Spruch, dass
ein Bild mehr über den Charakter des Fotografen erzählt als über
den Fotografierten, ist durchaus richtig. Es kommt auf mich als
Fotografen an. Darauf, dass ich die Menschen, die ich fotografiere,
respektiere, dass ich ihnen ihre Würde lasse, aber auch darauf, dass
ich sie richtig »erfasse«; dass ich zum Beispiel einen einfachen Hir-
ten oder einen Stammeshäuptling auch als solche zeige und nichts
hineininterpretiere oder weglasse.

Nomadenmädchen in Tibet

Erst jetzt drücke ich ab. Ein-, zweimal. Zwischendurch werfe ich einen Blick auf den Monitor, zoome in das Bild hinein, um zu prüfen, ob die Schärfe passt und ob die fotografierte Person nicht gerade geblinzelt hat, drücke vielleicht ein drittes und selten ein viertes Mal den Auslöser, weil bei Porträts der Gesichtsausdruck von Bild zu Bild oft recht unterschiedlich ist, sei es wegen des Lidschlags oder der Mimik, und weil ich die Erfahrung gemacht habe, dass sich der Porträtierte oft entspannt, wenn er denkt, die Fotosession sei vorbei. Aber ich stelle bei Porträts nie auf Serie. Es ist für die Fotografierten viel angenehmer, wenige Male »klick« zu hören als viele Klicks pro Sekunde. Manchmal unterbreche ich kurz und nehme wieder Augenkontakt auf oder sage: »Sie haben ausdrucksvolle Augen«, und gebe dadurch positive Rückmeldung auf die Bilder. Ab und zu bitte ich auch um etwas, zum Beispiel, den Kopf ein klein wenig zu drehen oder ein bisschen in eine andere Richtung zu schauen.

Drei meiner Porträtaufnahmen sind mir bis heute in besonderer Erinnerung. Ich wollte immer einen Targi mit indigoblauem Cheich und leuchtenden Augen fotografieren, so wie auf dem bekannten Foto von Pascal Maître, mit dem *Geo* jahrelang Werbung machte, fand aber nie einen so besonderen. Pascal Maîtres Motiv war aber auch fast zu schön, um wahr zu sein. Irgendwann, irgendwo in Mali traf ich am Pistenrand auf einen Targi, nicht so schön im herkömmlichen Sinn wie der von Pascal Maître, aber mit einem sehr markanten, ausdrucksvollen Gesicht. Ich war damals noch nicht sonderlich geübt und geschickt darin, um eine Porträtaufnahme zu bitten, und überlegte noch, wie ich meine Bitte wohl am besten vorbringen könnte, als ich bemerkte, dass der Mann immer wieder auf einen leeren Benzinkanister schaute, den ich mitführte. Also bot ich ihm den Kanister im Gegenzug für ein Foto an – und erhielt endlich meine lang ersehnte Porträtaufnahme eines Targi.

Ohne das Einverständnis des Mannes hätte ich diese Nahaufnahme nie machen können. In den folgenden Jahren wurde ich immer geübter darin, auf die Menschen in der Sahara zuzugehen und vorsichtig Kontakt aufzubauen, bevor ich an das Fotografieren auch nur dachte. Da ich häufig in dieselben Gebiete zurückkehrte, das Aïr-Gebirge und die Ténéré in Niger oder an den Fluss Niger in Mali, lernte ich nach und nach mehr Tuareg und ihre Familien kennen. Gern nahm ich ihre Einladungen in ihre Mattenzelte oder in ihre Lehmhäuser an, denn viele der Nomaden waren bereits sesshaft geworden. Von dort wurde ich oft an andere Familien im weiteren Verwandtenkreis weitergereicht. In der Familie erst einmal eingeführt, war es viel leichter, die Familienmitglieder im Zelt, das Familienoberhaupt bei der Teezeremonie oder – meine zweite besondere Porträtaufnahme – einen Jungen beim Besuch der Koranschule zu fotografieren.

Das dritte meiner Lieblingsporträts zeigt drei Jungen in einer *Guelta*, einer natürlichen Wasserstelle in der Sahara. Sie hatten mich bei vierzig Grad im (nicht vorhandenen) Schatten mit dem

Koranschüler in Mali

Jungs in einer Guelta in Mali

Lockruf »Piscine! Piscine!« von einer Autoreparatur weggelockt und zu ihrem »Schwimmbad« geführt. Kinder zu fotografieren ist einfach, spielerisch und geschieht in der Regel aus der Situation heraus, dennoch ist die Aufnahme bis heute eines meiner Lieblingsbilder.

In meinen Anfangsjahren war es für mich absolut tabu, afrikanische Frauen zu fotografieren. Heimlich wollte ich es nicht tun, und sie zu fragen traute ich mich nicht. Erst in den neunziger Jahren konnte ich erste Porträtaufnahmen machen, aber auch nur, weil eine Reisepartnerin oder meine kleine Tochter Gina mir Zugang zu den Frauen verschaffte. Außerdem fand ich heraus, dass die Frauen großes Interesse an Fotos von sich hatten. Das war nur zu verständlich, denn sie besaßen oft kein einziges Bild von sich selbst. Also nahm ich eine Instantkamera mit auf meine Reisen und bot den Frauen ein Sofortbild im Gegenzug für meine Aufnahmen an. Das führte allerdings dazu, dass auch die Schwester und die Mutter und die Cousine ein Bild von sich ha-

Mein Begleitschutz im Jemen
bat um ein Sofortbild, das später
von der Hitze beschädigt wurde

ben wollten – und natürlich auch der Vater und der Onkel und, und, und. Zum Glück hatte eine Sofortbildfilm meist nur zehn Bilder. Wichtig war, dass ich *erst* mit meiner »richtigen« Kamera fotografierte und *dann* mit der Polaroid. Denn sonst hätten die Frauen nur noch fasziniert beobachtet, wie sich ihr Konterfei langsam herausbildete – und mich und meine Kamera keines Blickes mehr gewürdigt.

Generell war ein Polaroidbild lange Zeit die beste Währung, die man als Fotograf weltweit anbieten konnte. Heutzutage kann ich damit niemanden mehr locken. Als ich 2018 noch einmal eine Polaroidkamera in die Mongolei mitnahm, holten die Leute ihr Smartphone heraus und zeigten mir die Bilder, die sie selbst gemacht hatten. Allerdings wollen manche trotzdem gern meine Aufnahmen bekommen, und das ist ja mit der heutigen Technik kein Problem. Dann schicke ich sie ihnen über WhatsApp oder wie auch immer.

Begegne ich einem Einzelnen und möchte ihn fotografieren, bitte ich direkt diese Person um Erlaubnis, bei Gruppen hole ich mir vom jeweiligen »Oberhaupt« das generelle Einverständnis ein, fotografieren zu dürfen. Das kann der Familienvorstand sein oder bei Kirchgängern, die nach dem Gottesdienst noch zusammenstehen, der Pfarrer; bei Schülern auf dem Pausenhof der Lehrer …

So kann ich mehrere Porträts machen, Ganzkörperbilder; ich kann im Fall einer Familie alle zusammen fotografieren, die Jurte, die Tiere …

Mein Dank bestand schon früher nur selten aus barer Münze, heute nie. Wenn ich in einer Werkstatt bereits für eine Reifenreparatur oder in einer Kneipe fürs Mittagessen bezahlt habe und den Mechaniker oder den Wirt fotografieren möchte, gebe ich ein besseres Trinkgeld. Und wenn es keinen solchen Anlass gibt, zeige ich mich mit kleinen Geschenken erkenntlich: Zigaretten, Grundnahrungsmitteln wie Mehl oder Zucker oder mit anderen Dingen, die in den abgelegenen Gebieten, in denen ich meist unterwegs bin, immer willkommen sind: Petroleum oder Taschenlampenbatterien zum Beispiel. All diese Sachen kaufe ich in kleinen Geschäften im Land, weil ich so den Läden Umsatz bringe und die Leute die Produkte kennen. Außerdem schenke ich den Kindern keine Luftballons oder Süßigkeiten aus Deutschland; weil ich damit nur falsche Erwartungen und Vorstellungen wecken würde. Auch mache ich kein Aufhebens darum, sondern lege meine Dankesgabe zum Beispiel neben einen Zeltpfosten.

Ein anderes Thema ist das Recht am eigenen Bild. Wenn ich das Foto einer Person veröffentlichen will, brauche ich theoretisch nach westlichem Rechtsverständnis deren schriftliche Genehmigung: ein sogenanntes *Model Release*. Ich müsste mir also von jeder Person, die ich bei meinen Reisen fotografiere, ob in Niger, Peru oder Afghanistan, ein Model Release unterschreiben lassen. Das Problem ist, dass viele meiner Motive weder lesen noch schreiben können und dass ein solches Formular nur Misstrauen hervorrufen würde. Also verzichte ich darauf. Im Übrigen bräuchte man eine ähnliche Erlaubnis auch für ein Foto von fremdem Eigentum *(Property Release)*, sei es eine Privatvilla, eine Schule, ein Museum oder der Löwe in einem Zoo. Doch es gilt der alte Spruch: Wo kein Kläger, da kein Richter.

Kinder bei Luxor, Ägypten

Allerdings muss ich gestehen, dass ich mangels offizieller Fotografiererlaubnis manche Bilder nicht in Büchern oder einer Zeitschrift zeige, so zum Beispiel die Fotos von schnüffelnden Kindern, die ich in Elendssiedlungen der Aborigines aufgenommen habe. Bei der Bildauswahl für das Buch *Die Wüsten der Erde* habe ich sie weggelassen, da in solchen Siedlungen nur mit einer Sondergenehmigung fotografiert werden darf – die ich nicht hatte –, denn die Zustände passen so gar nicht in das von der australischen Regierung so gern gezeichnete Bild eines Miteinanders der Kulturen. In Vorträgen zeige ich die Fotos trotzdem, denn sie sind nun mal Teil der Realität. Aber da könnte ich sie jederzeit herausnehmen, wenn australische Behörden Ärger machen sollten.

# Fotografieren und Filmen sind keine Freunde

Zwei Jahrzehnte lang war ich als Fotograf und Vortragsreferent glücklich und zufrieden. Ans Filmen verschwendete ich keinen Gedanken. Dann lernte ich Ende 1999 Elke Wallner kennen. Sie hatte in verschiedenen Kulturbetrieben gejobbt und wollte mich nun auf meinen Reisen durch die Wüsten der Erde begleiten. Um auch eine Aufgabe zu haben, brachte sie sich während der Reisen das Filmen selbst bei.

Bis zu diesem Zeitpunkt war ich immer ein Do-it-yourself-Mann gewesen. Ich hatte meine Reisen selbst organisiert, hatte selbst fotografiert, selbst – ab 1995 in Zusammenarbeit mit Alex Schwindt – meine Vorträge konzipiert, sie präsentiert, die Werbung dafür gemacht … Was mir an diesem Konzept gefiel, war, dass ich auf allen Ebenen mein eigener Herr war. Filmen passte da nicht hinein, denn ich hätte ja schwerlich die Foto- und die Filmkamera zugleich bedienen können. Mit Elke änderten sich die Voraussetzungen. Sie würde filmen, und ich könnte weiter fotografieren – und ich würde dennoch mein eigener Herr bleiben und hätte das Sagen, weil ich Elke, so war unsere Vereinbarung, für ihre Arbeit bezahlte, ihr damit auch die Verwertungsrechte abkaufte, ich also der Produzent war. Ich hielt das für eine gute Idee, und so machten wir uns Anfang 2000 auf die erste von vielen Reisen für das neue Projekt. Wir mussten dafür in Etappen reisen, denn wir konnten und wollten uns nicht für zwei Jahre von unseren Kindern verabschieden – Elke hatte drei, ich zwei. Zwar habe ich die

Reisen später als durchgehende Geschichte erzählt, bin aber immer offen damit umgegangen, dass das Projekt stückweise entstanden ist. Es lief im Prinzip so ab, dass Elke und ich in knapp vierzig Etappen das Motorrad wie ein Matchboxauto auf einer Landkarte immer ein Stück weiter um die Erde schoben und zwischendurch nach Hause flogen. Das war ein schwieriges Konzept, denn abgesehen davon, dass ich jedes Mal eine Unterstellmöglichkeit für das Motorrad finden musste, hatte ich immer wieder Ärger mit dem Zoll, weil Zollbeamte gleich Betrug wittern, wenn man *mit* Motorrad ein-, aber *ohne* ausreist oder umgekehrt. Ich erinnere mich, wie wir in Indien zwei Tage brauchten, um meine BMW unter Zollverschluss zu bringen; sonst hätten uns die Inder nicht ausreisen lassen. Bei der erneuten Einreise dauerte es wieder zwei Tage, sie aus dem Zoll zu holen. Und man knöpfte mir über 2000 Euro Einstellgebühr ab.

Das Motorrad war ein Foto- und Filmstudio auf zwei Rädern. Ich fotografierte damals noch analog und hatte drei komplette Fotoausrüstungen im Gepäck: zwei Leica-Gehäuse mit acht Objektiven, alles kleine Juwelen. Zusätzlich, da Leica damals nur manuell zu fokussierende Kameras baute, für sich bewegende Objekte, zwei Nikon-Kameras mit dem damals besten Autofokus und je einem Weitwinkel- und einem Teleobjektiv sowie eine Mittelformatkamera, eine Mamiya 7, mit drei Objektiven. Dazu kamen

Gleichzeitiges Filmen und Fotografieren im Tschad

Mein Motorrad als rollendes Fotostudio in Tibet

Elkes zwei Videokameras, ihr Stativ, mein Stativ und Hunderte Filme sowie Dutzende Videokassetten. Die Stative, verpackt in Abflussrohren aus PVC, waren an der Außenseite der Motorrad-koffer montiert, Elkes Videoausrüstung auf dem einen, meine große Leica-Ausrüstung auf dem anderen Motorradkoffer. Die Nikon-Ausrüstung steckte im Foto-Tankrucksack, da war sie zum einen griffbereit und zum anderen den wenigsten Erschütterun-gen ausgesetzt, die Mamiya und eine Sofortbildkamera sowie die Filme und Kassetten waren in den Koffern verstaut. Ein kleines Zelt, zwei Schlafsäcke und ein paar Kleidungsstücke wurden als Gepäckrolle hinter dem Soziussitz festgeschnallt. Trinkwasser, ein paar Lebensmittel und elementare Utensilien wie Zahnbürs-ten, Zahnpasta und ein Stück Seife mussten auch noch irgendwo untergebracht werden. Für persönliche Dinge wie ein Buch oder dergleichen war definitiv kein Platz.

Was mir im Vorfeld nicht klar war, ich aber schnell auf die schmerzhafte Tour lernte, war, dass mit der Fotografie und dem Film zwei Welten aufeinanderprallen. Ein Film erfordert eine ganz andere Herangehensweise mit völlig unterschiedlichem Arbeits-rhythmus. Ein gutes Foto ist im Zweifelsfall in wenigen Minuten gemacht. Allenfalls muss ich auf gutes Licht warten. Für einen Ka-meramann spielt das Licht keine so große Rolle. Aber er braucht

Zeit. Viel Zeit. Er muss eine Geschichte erzählen, und dafür muss er verschiedene Szenen einfangen, aus verschiedenen Positionen und in verschiedenen Maßstäben filmen, und er muss natürlich einen Ton aufnehmen.

Nehmen wir als Beispiel wieder eine Familie in der Mongolei mit ihrer Herde. Als Fotograf hatte ich nach zehn, vielleicht fünfzehn Minuten neunzig Prozent der Bilder aufgenommen, die das Motiv hergab, und wollte wieder aufbrechen, um die Gegend nach den nächsten Motiven abzusuchen. Elke brauchte bei solchen Gelegenheiten um ein Vielfaches länger, um genug Material für den späteren Schnitt zu sammeln. Was nicht an ihr lag, sondern, wie ich später in der Zusammenarbeit mit anderen Kameraleuten feststellte, ganz normal ist. Ich konnte währenddessen nur herumstehen. Und da ich wie erwähnt ein rastloser, ungeduldiger Mensch bin, sank meine Laune dabei oft genug bis auf den Gefrierpunkt.

Noch dazu kommen sich Fotograf und Filmer bei ihrer Arbeit häufig in die Quere. Einer Landschaft ist es egal, wenn zwei Stative aufgebaut werden, wenn zwei Objektive auf sie gerichtet sind; aber man stelle sich eine Familie in einem Wollhaardeckenzelt irgendwo in den Bergen im Iran vor, die sich ganz natürlich und ungezwungen verhalten soll, während gleich zwei Leute ihre Kameras auf sie richten. Das funktioniert nicht. Die Leute wissen gar nicht mehr, wohin sie schauen sollen. Selbst zwei *Fotografen* sind da schon einer zu viel.

Meiner Meinung nach darf immer nur *eine* Linse im Raum sein – und selbst die kann störend sein. Das größte Problem zwischen Elke und mir war jedoch, dass sie in ihrem Enthusiasmus nicht zu bremsen war. Als Produzent, der ihre Arbeit überhaupt erst ermöglichte – und ja auch finanzierte –, sagte ich oft genug: »Stopp! Jetzt fotografiere *ich*«, aber sie setzte sich immer wieder darüber hinweg. Das führte zu heftigen Auseinandersetzungen, sodass sich mit Sicherheit mancher Beduine oder Nomade gefragt

Gemeinsames Fotografieren und Filmen in Island

hat, was für ein Problem wir beide eigentlich haben. Elke konnte sich einfach nicht damit abfinden, dass sie während unserer Reisen – anders als in unserem Leben als Paar – nicht gleichberechtigt war, sondern dass ich den Ton gab. Da wurde mir erst so richtig der tiefere Sinn eines Ausspruchs meiner Mutter klar: »Gehe mit einem Menschen immer nur *eine* Art von Beziehung ein.« Die Partnerschaft mit Elke ist letztlich auch daran gescheitert, dass es uns unmöglich war, professionell zusammenzuarbeiten.

Aus Elkes Arbeit für *Die Wüsten der Erde* gingen zahlreiche Filme hervor, die sich als DVDs so gut verkauften, dass sie die Produktionskosten einspielten. Elke gelang es nach langer Akquise, eine Dreiviertelstunde bei einem Privatsender zu verkaufen, und ich brachte alle drei Teile bei der ARD unter. Die Fernsehpräsenz vergrößerte meine Reichweite, denn selbst eine erfolgreiche Tournee durch ganz Deutschland bringt vielleicht 100 000 Leute auf die Beine; ein gut platzierter Film bei einem der großen Fernsehsender dagegen kann an einem einzigen Abend Millionen Zuschauer erreichen.

Das befeuerte wiederum das Interesse an meinen Vorträgen. Da ich mit *Die Wüsten der Erde* außerdem ein breites Publikum ansprach – die Australien-, Afrika-, Asien-, Tibet-Fans –, konnte sich der Vortrag erstaunliche elf Jahre halten. Es folgten weitere Filme von weiteren Reisen, und heute kennen mich mehr Leute übers Fernsehen als über meine Vorträge.

Auch bei meinem nächsten Projekt – *Planet Wüste* – sollte daher wieder gefilmt werden. Da Elke und ich uns getrennt hatten, brauchte ich einen neuen Reisepartner, nach Möglichkeit jemand, der sowohl fotografierte, damit ich weiterhin als Protagonist in meinen Vorträgen auftauchte, als auch filmte. Inzwischen hatte ich Jörg Reuther kennengelernt. Ein Glücksfall! Mit ihm hatte ich nicht nur einen hervorragenden Fotografen und guten Freund, sondern auch einen angenehmen Reisepartner an meiner Seite. 2012 kam Elly dazu. Seither mache ich die Reisen hauptsächlich mit diesen beiden; mal mit Jörg, mal mit Elly, mal zu dritt.

Aber Schwierigkeiten gibt es naturgemäß immer. Elke und ich waren uns zwar ständig ins Gehege gekommen, doch zumindest waren die Aufgaben klar verteilt gewesen. Nun war aber Jörg zwar Profifotograf, aber kein Profikameramann, Elly weder das eine noch das andere. Als Projektverantwortlicher hatte ich somit eine Vierfachrolle, mit der ich mich oft genug komplett überfordert fühlte: als Fotograf, als Kameramann – denn ich filmte ebenfalls –, als Protagonist und als Produzent, der den beiden sagen musste, was sie filmen sollten; vor allem auch, *dass* sie filmen sollten, weil sie es manchmal schlicht vergaßen.

Fast wie Urlaub war es daher für mich, als mich auf fünf der Reisen ein Team von Arte begleitete. Wobei es um mehr als nur Begleitung ging, denn es war klar: Das ist eine reine Fernsehproduktion, da hat das Arte-Team das Sagen, ich war »nur« der Protagonist. Aber gerade deswegen war es ein angenehmes Arbeiten. Die Filmerei lag in guten Händen, war finanziell abgesichert durch eine

Kameramann Jörg Reuther in Äthiopien

Produktionsfirma, und hinter der Kamera standen ausschließlich Profis: Kameramann Ralf Leistl, je ein Regisseur und ein Tonmann.

Der Regisseur Viktor Stauder zum Beispiel, der in Island und Grönland dabei war, betrieb Recherche, machte sich auch immer wieder Gedanken: Was haben wir schon, was brauchen wir noch? Er hatte den Film praktisch schon vorab im Kopf. So fand ich genügend Gelegenheiten, meine Bilder zu machen, *musste* ja sogar fotografieren, denn schließlich war der Hauptdarsteller, also ich, professioneller Fotograf. Und einige meiner Fotos wurden später auch in die Filme eingebaut. Zwar waren viele Szenen nicht beim ersten Mal im Kasten – Viktor Stauder ließ mich in Grönland fünfzehnmal in ein Boot steigen, bis er mit der Aufnahme zufrieden war, aber für eine so professionelle Einstellung bin ich natürlich dankbar.

Vor den Reisen zu *Terra* vereinbarte ich mit Jörg, dass er sich ausschließlich auf das Filmen konzentrieren sollte, damit ich mich wieder mehr dem Fotografieren widmen kann – nicht als lockere

Mit einem Arte-Team in Ostgrönland

Abmachung unter Freunden, sondern als klare Absprache zwischen Auftraggeber und freiem Mitarbeiter. Aber Jörg ist und bleibt im Herzen nun mal Fotograf und griff im entscheidenden Moment dann doch wieder zur Fotokamera. Ein Vorfall ist mir bis heute in Erinnerung. Wir beobachteten im Amazonasbecken einen Ozelot, der seinerseits einen Ara im Visier hatte. Als die Raubkatze aus den Büschen brach und sich den Vogel schnappte, hatte Jörg seine Kamera in der Hand, obwohl er fürs *Filmen* engagiert war und ich darüber hinaus das längere Teleobjektiv hatte. Wir hatten also die Fotos doppelt – aber keinen Film. Glücklicherweise hatte ein Tourist die Szene mit seinem Smartphone gefilmt und überließ mir seine Aufnahme.

Wieder einmal wurde mir klar: Ich brauche eine andere Lösung. Eigentlich wäre eine Zusammenarbeit wie mit Arte ein gutes Modell für die Zukunft gewesen – aber eben nur eigentlich. Eine feine Sache war, dass der Sender das finanzielle Risiko getragen, die Produktionsfirma und meine Reisekosten bezahlt hatte … Die Kehrseite wäre allerdings, mich in Abhängigkeit eines Senders begeben zu müssen; mit einem Projekt immer erst loslegen zu können, wenn er das Okay gegeben hat; allein die Produktionsfirma beziehungsweise den Sender entscheiden zu lassen, wie der Film wird, und, und, und. Ich will aber mein eigener Herr bleiben.

Es scheint, als hätte ich nun eine Lösung gefunden: Ich werde meine Projekte weiterhin fotografieren *und* filmen und mein eigener Produzent bleiben, aber ich werde mich während der Reisen auf die Rolle des Fotografen zurückziehen und für das Filmen einen professionellen Kameramann engagieren. Ein Profi weiß am besten, wann und was er filmen muss, und er arbeitet schnell, sodass ich seinen Zeitbedarf akzeptieren kann. Ich arbeite mit einem Regisseur und mit einem Profi-Cutter zusammen. Das kostet viel Geld, dazu kommen Ausgaben für das Ausleihen von professionellem Equipment und Lizenzgebühren für die Musik, aber *ich* bin der Produzent und treffe die Entscheidungen. Und wenn ich den Film verkaufe, habe *ich* den Gewinn. Das Risiko bei diesen sogenannten Postsale-Produktionen ist, ob ich den Film verkaufen kann. Und da liegt sozusagen der Hund begraben, weil die etablierten Produktionsfirmen, die bereits langjährige Verbindungen und Kontakte zu den Sendeanstalten und deren Redakteuren haben, mit Aufträgen versorgt sein wollen – und auch werden. Das schmälert die Chancen, für Postsale-Produktionen einen Sendeplatz zu bekommen.

Für *Terra* habe ich mich dennoch für diese Herangehensweise entschieden. Ich finanziere also die Reisen und das Filmen komplett vor und stelle mit dem Cutter Yair Magall und dem inzwischen befreundeten Regisseur und Autor Viktor Stauder verschiedene Schnittfassungen her, die ich selbst oder über Agenten an Fernsehsender im In- und Ausland zu verkaufen versuche. Ein riskantes, aber im Erfolgsfall auch lukratives Vorgehen.

# Als die Kameras fliegen lernten

1989, lange bevor es Fotodrohnen gab, lernte meine Kamera das Fliegen. Ich wollte die Ténéré im Nordosten des Niger von oben fotografieren; und so kamen Achim und ich auf die Idee, die Bilder von einem motorisierten Gleitschirm aus zu machen.

Niger war damals fest in militärischer Hand, und für alles, was fliegen konnte, brauchte man eine Genehmigung des Verteidigungsministeriums – die wir natürlich nie und nimmer bekommen hätten. Wir konnten den Gleitschirm aber auch nicht versteckt einschmuggeln, weil man, wie wir von vorherigen Reisen wussten, an der Grenze in Assamakka das Auto komplett ausladen und alles vorzeigen musste. Also erzählte ich den Zollbeamten, der Gleitschirm sei ein Zelt; den Rucksackmotor mit seinem großen Tank verkaufte ich ihnen als Unkrautvernichtungsmittelspritze, die wir einem befreundeten Entwicklungshelfer mitbringen wollten, und den Propeller als Deckenventilator.

Sie nickten ganz verständig, ließen uns alles wieder einpacken, und wir konnten die Reise fortsetzen.

Mitten in der Ténéré, wo uns niemand beobachtete, bauten wir alles zusammen. Achim, dem der Motorschirm gehörte und der ihn im Gegensatz zu mir fliegen konnte, rannte los, damit der Schirm sich entfalten und aufplustern konnte. Der Start war nicht leicht, denn Achim hatte Sand statt festen Boden unter den Füßen, und da seine Hände in den Lenkschlaufen steckten, konnte er die Kamera nicht festhalten, die daher frei um seinen Hals baumelte und ihm ständig gegen die Brust schlug. Als er stabil in der Luft lag, steckte er statt der Hände seine Füße in die verlängerten Lenk-

Unser Rucksack-Propellermotor im Jahr 1989 in Niger

schlaufen und hatte nun die Hände frei, um die Kamera zu bedienen. Er musste aber auch noch Gas geben können. Dazu hatten wir den Gasgriff durch eine Art überdimensionale Wäscheklammer ersetzt, die Achim *zwischen den Zähnen* hielt. Durch Zubeißen und Lockerlassen konnte er so die Drehzahl des Propellers steuern. Der Motor machte einen Höllenlärm, aber das war egal, war doch die nächste Siedlung Hunderte Kilometer entfernt. Die entstandenen Bilder rechtfertigten den immensen Aufwand. Heute würde ich das Risiko nicht mehr eingehen.

Es blieb eine einmalige Unternehmung, denn es war fast unmöglich, den Gleitschirm zu steuern und gleichzeitig *gute* Fotos zu machen. Da ich aber die Vogelperspektive zu schätzen lernte, unternahm ich später immer wieder Flüge mit Kleinflugzeugen oder Hubschraubern – allein für *Planet Wüste* siebzehn an der Zahl –, doch zum einen sind solche Privatflüge teuer und zum anderen sind sie nicht überall möglich. In Australien und den USA, aber auch zum Beispiel in Namibia oder Kenia kann ich fast überall und jederzeit einen Piloten samt Fluggerät engagieren. In vielen anderen Ländern jedoch ist das Angebot begrenzt oder gibt es überhaupt keinen privaten Flugverkehr.

Etwa zwanzig Jahre nach unserem Abenteuer in Niger kamen Fotodrohnen auf den Markt. Wie bei der Digitalfotografie dauerte

Für Luftbilder bitte ich oft um den Ausbau der Türe

es allerdings eine Zeit, bis ich mich auf die neue Technik einließ, und erneut war es Jörg, der mir den Weg wies. Er hatte früh mit der Drohnenfotografie begonnen und zahlte – letztlich auch für mich – viel Lehrgeld.

Zunächst hatte er eine Inspire 1 der Firma DJI, die damals schon führend auf dem Gebiet der Fotodrohnen war. Eine eigene Kamera hatte diese Drohne noch nicht, vielmehr musste man seine Spiegelreflexkamera – die teure Spiegelreflexkamera mit dem teuren Objektiv! – in einen Gimbal hängen, eine sogenannte kardanische Aufhängung, die Erschütterungen und Schieflagen während des Flugs ausgleicht.

Um das alles tragen zu können, brauchte die Drohne natürlich selbst eine bestimmte Größe. Und um sie aufsteigen zu lassen und in der Luft zu halten, waren große und damit schwere Akkus erforderlich. Die ersten Drohnen hatten daher schnell mal einen Meter Durchmesser und wogen viele Kilos. Allein das Starten des Geräts war kompliziert, und ich bewunderte Jörg für seine Fertigkeit. Ein

Nachteil der ersten Drohnen war zudem ihre unzuverlässige GPS-Navigation. Eine Drohne hatte Jörg gleich zu Anfang verloren, als er eine Regatta auf dem Ammersee fotografierte. Das Gerät hatte sich plötzlich selbständig gemacht, war auf dem Wasser gelandet und versunken. Sie liegt bis heute auf dem Grund des Sees – mitsamt der teuren Kamera.

Ich hatte mein erstes Erlebnis dieser Art 2014. Elly und ich hatten in jenem Sommer am Bodensee geheiratet, und die Bauersleute Andrea und Willi, die uns zwischen ihren Obstbäumen ein Zelt für die 200 Gäste hatten aufstellen lassen, hatten sich als Dankeschön ein Luftbild von ihrem Bauernhof und ihren Ländereien gewünscht. So fuhren Jörg und ich an den Bodensee und ließen vor den Augen der tief beeindruckten Bauersleute Jörgs nächste Riesendrohne aufsteigen. Die Drohne machte ein paar Aufnahmen, dann flog sie auf einmal davon, flog immer weiter weg und verschwand schließlich aus unserem Sichtfeld. In zwei Kilometern Entfernung wollte sie landen, und die Rotoren schalteten sich aus. Dabei berücksichtigte die Elektronik jedoch nicht, dass die Drohne an einem Berg gestartet war, sich nun aber noch hundert Meter über Grund befand. Ungebremst stürzte das teure Teil neben einem Wohngebiet bei Markdorf in einen Acker. Glücklicherweise hatte sie noch ein letztes Bild gefunkt, sodass wir wussten, wo ungefähr wir suchen mussten. Jörg und ich rasten mit dem Auto los, Willi tuckerte mit dem Traktor hinterher. Wir sahen die Absturzstelle schon von weitem, denn um das Wrack standen etliche Spaziergänger, die heftig diskutierten

Jörg muss dem Absturz seiner Drohne machtlos zusehen

und gestikulierten. Nicht auszumalen, wenn die Drohne in einen Vorgarten der Neubausiedlung oder gar auf einen Spaziergänger gestürzt wäre.

Bald brachte DJI kleinere, kompakte Drohnen auf den Markt, mit einer eingebauten Kamera, die nur so groß war wie zwei Streichholzschachteln, aber dank eines Gimbals ebenfalls beweglich und gegen Erschütterungen und Schieflagen gefeit. Dazu waren die neuen Modelle zuverlässiger und flogen quasi automatisch zum Startplatz zurück. Im Jahr 2017 legten Jörg und ich uns gemeinsam eine Phantom 4 Pro von DJI zu, die gerade rechtzeitig für meine *Terra*-Reisen auf den Markt kam. Sie maß in der Diagonale nur fünfunddreißig Zentimeter, wog mit Akku und Propellern lediglich 1388 Gramm und wurde in einem handlichen Styroporköfferchen geliefert. Weil die Drohne so leicht war, brauchte sie weniger Akkuleistung und blieb bis zu dreißig Minuten in der Luft. Dadurch konnte man sie bis zu drei Kilometer weit wegfliegen lassen. Man musste nur daran denken, sie zurückzuholen, bevor der Akku leer war. Auch die Fernbedienung war deutlich verbessert worden.

Zur Jahreswende 2017/2018 hatten Jörg und ich unsere Phantom zum ersten Mal dabei – und zwar in Kenia. Dabei wurde mir schnell klar, welches Potenzial in ihr steckte: Dass ich über einen Kamerahelikopter im Taschenformat verfügte, den ich überall aufsteigen und Luftbilder machen lassen konnte. Verbesserungsfähig war allerdings die Fotoqualität. Maßgeblich für diese ist ja weniger die Anzahl der Pixel – in diesem Fall zwanzig Millionen –, sondern die Größe des Sensors.

Bei unserer Phantom hat der Sensor eine Nenngröße von einem Zoll; das entspricht 8,8 mal 13,2 mm. Das bedeutet, dass die Pixel recht klein sind und nah beieinanderliegen, wodurch Störsignale entstehen, das sogenannte Rauschen. Je schlechter die Lichtverhältnisse, desto schneller »rauschen« digitale Bilder. In meiner

Ich starte meine Drohne am Benbow-Krater in Vanuatu

Spiegelreflexkamera sind die zwanzig Megapixel auf einem Voll-formatchip verteilt, der 24 mal 36 Millimeter groß ist, sodass die Pixel viel größer sind und ich auch nachts fotografieren kann, sogar mit 6400 ASA, ohne dass die Bilder zu stark rauschen. Bis heute kommt die technische Bildqualität eines Drohnenfotos nicht an das eines Bildes heran, das mit einer Spiegelreflexkamera mit einem Vollformatsensor aufgenommen wurde. Auch die Bildaufberei-tung ist bei einer Drohnenkamera nicht so gut wie in einer teuren Spiegelreflex. Sie entspricht in etwa der Qualität eines sehr guten Smartphones. Zwar liefert die Drohnenkamera RAW-Daten, doch diese erreichen nicht die Farbtiefe einer Spiegelreflex und können auch nicht so stark bearbeitet werden.

Und dennoch war ich glücklich. Denn für die meisten An-wendungszwecke waren die Bilder unserer fliegenden Kamera gut genug. Es gab zudem noch kaum gesetzliche Regelungen, weder in Deutschland, wo die Behörden und die Polizei diese Fluggeräte noch nicht so recht einzuordnen wussten, noch in den anderen

Ländern, wo das Erstaunen und die Neugier oft größer waren als das Misstrauen.

Ungeachtet gesetzlicher Bestimmungen hat man als Drohnenpilot Verantwortung. Schon der Anstand verbietet es, Menschen heimlich abzulichten oder etwa die Ruhe von Wanderern an einem Gipfelkreuz zu stören. Manche Leute verwenden Drohnen für noch gröberen Unfug. Zu allem Überfluss hört man auch immer wieder mal von einem Drohnenpiloten, der in der Nähe von Verkehrsflugplätzen gefährlich in den Flugverkehr eingreift, was die Angst der Menschen vor Fotodrohnen zusätzlich schürt. Vielleicht trägt auch das Surren der sich schnell drehenden Rotoren dazu bei, und es hat meines Erachtens auch mit der Terminologie zu tun. Bei dem Begriff Drohne denken die meisten nicht an eine männliche Biene oder Wespe, sondern an einen militärischen Einsatz als Aufklärungsmittel oder Waffe. Ich habe mir daher angewöhnt, von »fliegender Kamera« zu sprechen, das klingt viel freundlicher. Und meine Drohne ist ja auch nicht gefährlich, denn ich setze sie nur für Landschaftsaufnahmen ein und achte darauf, niemandem auf die Nerven zu fallen.

Trotz der Zuverlässigkeit der fliegenden Kamera legte ich mir dasselbe Modell bald noch einmal zu, denn ich musste immer damit rechnen, dass mir eine Drohne abstürzte oder aus einem anderen Grund ausfiel; und ich konnte irgendwo in Kenia, Tansania oder mitten in den Anden sicherlich nicht so einfach eine neue Drohne kaufen. Meine Fotoausrüstung nahm also wieder an Umfang zu – nachdem sie sich durch den Umstieg auf die Digitalfotografie verkleinert hatte. Bald benötigte man in einigen Ländern eine Genehmigung, die man sich manchmal online vorher besorgen konnte, um mit einer Drohne zu fotografieren, während man in anderen der Drohnenfotografie sehr entspannt gegenüberstand, wie zum Beispiel, im Übrigen bis heute, in Russland, und sie in wieder anderen, etwa in Indien, generell verboten ist.

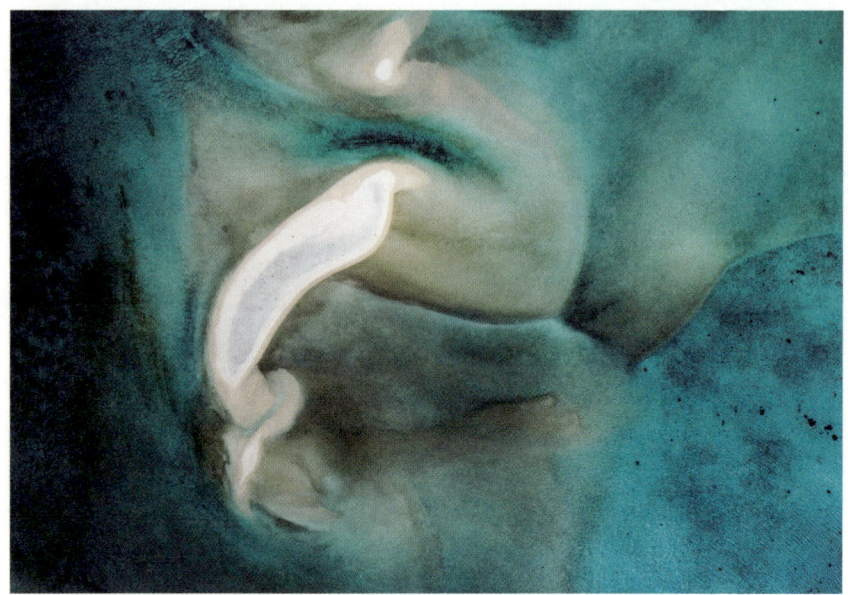

Unterwasserstrukturen der Aitutaki-Lagune auf Cook Island

Im Sommer 2018 flog ich mit Elly einmal um die Welt, war in Südamerika, im Südpazifik, kurz in Australien und wollte von dort weiter nach Indien. Auf Vanuatu in Mikronesien setzte Vulkanstaub prompt eine der zwei Drohnen außer Gefecht. Ich schickte sie von Tahiti aus nach Hause, vergaß aber dummerweise, den Akku herauszunehmen, und fragte mich erst dann, ob sie aufgrund der strengen Sicherheitsvorschriften für Luftfracht wohl je zu Hause ankommen würde. Während der Zwischenübernachtung in Australien kam mir die Erkenntnis, dass es mir nicht gelingen würde, die verbliebene Drohne nach Indien einzuschmuggeln, denn ich hatte zwischenzeitlich verschiedene Zeitungsartikel gelesen, dass die indischen Zolllager von konfiszierten Drohnen überquollen. Also entschloss ich mich in Sydney schweren Herzens, auch die zweite Drohne nach Hause zu schicken. Da ich Elly versprochen hatte, dass wir vor unserem abendlichen Weiterflug nach Delhi shoppen gehen würden, lief ich gleich um sechs Uhr morgens zum Postamt und gab das Päckchen auf. Auf dem Rückweg sagte ich mir: Bist du bescheuert, auch die zweite Drohne wegzuschicken? Notfalls wird sie halt in Indien konfisziert. Ich drehte auf dem Absatz um, um sie zurückholen, doch sie war bereits in den Tiefen des Postamts verschwunden.

Also machte ich mit Elly den versprochenen Einkaufsbummel – und entdeckte in einem Kaufhaus eine Fotoabteilung. Sie zog mich magisch an, und in einer der Auslagen sah ich die schon lange von DJI angekündigte Superdrohne Mavic 2 Pro mit einer Hasselblad-Kamera. Ihr Chip war nicht größer als der in der Phantom 4 Pro, aber die Drohne selbst war nur noch so groß wie eine Bierflasche und hatte einklappbare Rotorenarme, war somit sehr kompakt und ließ sich quasi in der Manteltasche verstecken. Sofort war mir klar: Das Ding kann man in Indien einschmuggeln. Die Drohne war aber reserviert. Ich bat den Verkäufer nachzufragen, ob es das Modell vielleicht in einer anderen Filiale zu kaufen gäbe. Und tatsächlich, am anderen Ende von Sydney war eine Mavic 2 Pro vorrätig. Mir war klar, dass es zeitlich knapp werden würde mit dem Weiterflug, aber ich *musste* es riskieren. Elly und ich hetzten quer durch die Stadt, kauften die Drohne unbesehen, und dann nichts wie zurück zum Flughafen. Im Parkhaus, wo wir vor neugierigen Augen geschützt waren, zerrte ich die Drohne aus dem Karton, behielt zu ihrem Schutz nur das Füllmaterial und versteckte das Ganze in Ellys Jacke, damit meine zierliche Frau, die viel unverdächtiger aussieht als ich, das Gerät in Indien einschmuggelte. Und es funktionierte.

Von Delhi flogen wir gleich weiter nach Ladakh. Nur wusste ich nicht, dass die Flüge dorthin, obwohl indisches Unionsterritorium, nicht vom nationalen, sondern vom internationalen Terminal mit der üblichen Röntgenkontrolle abgingen. Dort wäre es beinahe zum GAU gekommen, weil die Drohne, die mittlerweile in einer Fototasche steckte, auf dem Röntgenband aufgefallen war und wie meine übrige Fotoausrüstung zur weiteren Begutachtung

Ausländern ist das Drohnenfliegen in Indien generell verboten

in eine Seitenspur gelotst wurde. Dann machte sich ein Militärangehöriger daran, unsere Fototaschen zu inspizieren, ließ sie uns eine nach der anderen aufmachen. Mittendrin warf Elly ein, dass ihr Gürtel fehle, der sei im Röntgengerät hängengeblieben. Der Mann ging Ellys Gürtel holen, was ein Weilchen dauerte, da sich der Gürtel gut verhakt hatte, inspizierte weiter und näherte sich langsam der Drohnentasche. Da sagte ich, dass auch mein Gürtel fehle, was zum Glück stimmte, und der Mann marschierte noch einmal los. Als er zurückkam und uns die Drohnentasche öffnen ließ, wollte ich meinen Augen nicht trauen: Da war nicht die Mavic 2 Pro drin, sondern die Videokamera. Ich war völlig verwirrt, ließ mir aber nichts anmerken. Als wir endlich alle unsere Handgepäckstücke von den Bändern nehmen durften und weggingen, fragte ich meine Frau: »Elly, was war das jetzt?« Sie hatte in der Zeit, in der der Kontrolleur den zweiten Gürtel holte, die Drohne, die glücklicherweise in einer baugleichen Fototasche wie die Videokamera steckte, vom Kontrollband auf das Okay-Band und dafür die bereits abgesegnete Kamera zurück auf das Kontrollband gestellt. Extrem dreist – und so geschickt, dass nicht einmal ich, der direkt danebenstand, es mitbekommen hatte. Aber so hat Elly die Weiterreise der Drohne gerettet, und ich konnte in Ladakh einzigartige Drohnenaufnahmen machen, wunderschöne Bilder.

Die Vorbehalte gegenüber Drohnen sind bei Behörden in totalitären oder militärisch sensiblen Staaten wie Indien, Pakistan oder Oman natürlich besonders ausgeprägt, was zu einem andauernden Versteckspiel mit den Behörden führt. Ist es in Indien schon schlimm, wo viele Verbotsschilder stehen und hohe Strafen angedroht werden, ist es im Oman ganz schwierig. Jörg und ich schmuggelten einmal eine Drohne in den Oman, ließen sie viele Male in der Wüste Rub al-Khali fliegen, weil wir uns dachten, da sieht uns eh keiner, und dann erhielt ich von einem Kollegen einen Link zur Webseite einer englischsprachigen omanischen Zeitung, die berichtete, dass die Strafen für Drohnenpiloten auf 20 000 US-Dollar und bis zu einem Jahr Gefängnis erhöht wurden. Und Jörg und ich waren *im* Oman, mit einer Drohne! Die war – in diesem Fall vielleicht zu unserem Glück – nach einem Crash in eine Sanddüne inzwischen kaputt. Wir konnten sie jetzt nur noch außer Landes schmuggeln; und auch das schafften wir.

Generell befindet man sich mit der Drohnenfotografie schnell im illegalen Bereich, selbst in Ländern, in denen der Einsatz einer fliegenden Kamera nicht grundsätzlich verboten ist. In Deutschland ist das Drohnenfliegen unter anderem über Naturschutzgebieten untersagt. Im Allgemeinen versuche ich, mich zwar an Grenzen heranzutasten, sie aber nicht zu überschreiten. So achte ich zum Beispiel darauf, keine Polizeistation, Militärbasis oder Ähnliches im Bild zu haben. Wenn ich mich aber immer an die Regeln halten würde, stünde ich heute ohne die wunderbaren Luftaufnahmen aus Ladakh oder der Rub al-Khali da.

Nach Drohnenflügen über der Rub al-Khali erfuhr ich von den Strafen im Oman

Und so ist die Fotodrohne für mich pure Magie. Es ist für mich immer noch unfassbar, dass ich jetzt eine Kamera nicht nur am Auge haben, sondern sie dreidimensional in den Lüften bewegen kann. Ich kann sie bis zu 500 Meter aufsteigen, im Umkreis von zweieinhalb Kilometern von mir wegfliegen, sie sogar rückwärts fliegen lassen, kann sie bewegen, wie ich will, und habe damit alle erdenklichen Positionen im Blick beziehungsweise später im Bild. Während man früher eine Fernbedienung brauchte *und* ein Smartphone oder Tablet mit einer App, die anzeigte, was die Kamera gerade sah, gibt es heute Fernbedienungen mit integriertem Bildschirm. Das Display meiner Smart-Fernsteuerung zeigt ein besonders helles, auch bei direkter Sonneneinstrahlung gut erkennbares sowie scharfes Bild und liefert mir alle Informationen, die ich brauche. Zudem kann ich die Belichtungszeit einstellen, von Video auf Foto umschalten … Allerdings liefert sie nur ein *virtuelles* Sucherbild; speichern kann sie nicht. Gespeichert werden die Aufnahmen auf dem Chip in der Drohne. Das bedeutet: Wenn sie weg ist, sind auch die Bilder weg.

Die Drohnen sind inzwischen sehr zuverlässig, was die Rückkehr, die Mechanik und die Akkuleistung betrifft. Das Hauptproblem ist der Pilot. Zum Beispiel einer wie ich, der die Warnungen der Drohne nicht immer ernst nimmt. Bereits dreimal ist mir das passiert. An einem sehr kalten Morgen ließ ich in Oberbayern meine fliegende Kamera aufsteigen, durch die Nebeldecke hindurch in Richtung Sonne. Im Nebel setzten die Rotoren so viel Eis an, dass die Aerodynamik beeinträchtigt wurde und einer der vier Motoren heiß lief. Es gab eine Warnung, aber ich dachte, es werde schon nicht so schlimm sein, und flog und fotografierte weiter, immer weiter. Dann registrierte ich auf dem Monitor, wie die Drohne zu trudeln anfing, weil der Motor nun ganz ausgefallen war, und musste zusehen, wie sie aus hundert Metern Höhe abstürzte und knapp neben meinem Auto in der Wiese einschlug. Selber schuld, Warnung nicht ernst genommen.

Oder im Oman: Jörg und ich ließen eine Drohne fliegen, deren Abstandssensoren schon seit einiger Zeit defekt waren. Vor einer Düne steuerten wir sie nicht rechtzeitig in sichere Höhen, und so krachte die Drohne frontal in die Düne. Sie ließ sich zwar wieder anschalten, aber nicht mehr starten, geschweige denn fliegen.

In Indonesien flog ich vom Rand der Tengger Caldera, eines riesigen uralten Kraters auf der Insel Java, aus dem vier geologisch jüngere Vulkane emporwachsen, zu deren bekanntestem, dem Bromo.

Der Bromo schien über dem Nebel zu schweben, der am Boden der Caldera waberte, und stieß im klaren Morgenlicht seine Dampfwolken aus. Es waren wunderbare Aufnahmen, und ich war glücklich. Die Drohne weiß, wann sie umkehren muss, wann der Akku noch genug Leistung für den Rückflug hat, und sandte mir eine Warnung, dass sie in zehn Sekunden die automatische Rückkehr zum Startplatz einleiten werde. Bei einer automatischen Rückkehr dreht sich die Kamera nach hinten zum Startpunkt, ich wollte jedoch noch ein paar Aufnahmen nach vorn machen, weshalb ich auf manuelle Rückkehr umschaltete. Das hätte gutgehen können, wenn ich die Drohne danach schnurstracks zu mir zurückgeholt hätte, doch irgendwie erwischte ich einen falschen Winkel und flog einen Umweg. Als der Akku leer war, stürzte dieses Drohnenmodell zwar nicht ab, denn sie schaltet in einem solchen Fall auf ein nicht beeinflussbares Notlandungsprogramm, aber ich musste am Monitor drei Minuten lang mit ansehen, wie sie im völlig unübersichtlichen Gelände verschwand. Elly, die in solchen Situationen gnadenlos sein kann, hielt mit der Videokamera fest, wie ich vor Verzweiflung in Tränen ausbrach, und die vielen Indonesier um mich herum fragten sich sicher, was der große Mann wohl hat.

Noch aber war nicht alles verloren. Die Fernbedienung hatte noch vermeldet, dass die Drohne in 830 Metern Entfernung gelandet war. Sie lag also irgendwo auf einem imaginären Kreis mit einem Radius von 830 Metern zu meinem Standort. Ich erinnerte mich an meinen Mathematikleistungskurs und die Formel zur Berechnung des Kreisumfangs: $U = 2$ mal Pi mal r. Im Kopf überschlug ich: 2 mal Pi, also 2 mal 3,14, ergibt grob gerechnet 6,3, und 6,3 mal 830 macht gut 5200. Wir mussten also eine Rundstrecke von etwas über fünf Kilometern absuchen.

Zum Glück hatte das Display als letztes Bild nicht die Sandgebiete der Tengger Caldera gezeigt, sondern bestelltes Land, sodass wir unsere Suche auf einen bestimmten Bereich einschränken konnten. Wegen des unglaublich schwierigen Geländes kostete es uns aber anderthalb Fahrtstunden, um dorthin zu kommen.

Als wir endlich angekommen waren, sprangen Elly, unser Guide und der Fahrer aus dem Auto und rannten in alle Richtungen davon. Meine Nerven lagen bloß. Dazu kam, dass uns die Zeit davonlief, da Elly und ich für denselben Tag einen Flug gebucht hatten. Das führte dazu, dass ich Elly und die beiden Männer anschrie, weil sie ziellos umherliefen, obwohl ich doch versucht hatte, ihnen klarzumachen, dass die Drohne auf einem Kreis im Abstand von 830 Metern zum Startplatz der Drohne liegen *musste* und dass ich den Startplatz in einer topografischen App auf dem Smartphone markiert hatte, sodass uns das Handy wie ein Zirkel auf dem imaginären Kreis führen konnte. Das Gelände war total unübersichtlich: Äcker mit Gemüse, Felder mit Reis oder Zuckerrohr, Flüsse, Steilhänge, Häuser; doch ich folgte stur dem gedachten Zirkel, und nach zwanzig Minuten entdeckte ich die Drohne völlig verdreckt kopfüber in einem Acker. Sie hatte es offensichtlich nicht ganz bis nach unten geschafft, bevor der Akku leer war, sondern war die letzten paar Meter abgestürzt, aber sie war heil, funktionierte noch, war nur verschmutzt, und vor allem war die Speicherkarte da. Als ich sie ins Notebook schob und sah, welche tollen Bilder ich im schlimmsten Fall verloren hätte, kamen mir gleich wieder die Tränen; diesmal vor Glück.

Drei Geschichten, die erzählen, dass Drohnenfliegen das Fotografenleben aufs Neue aufregend macht, wenn auch auf eine Art und Weise, die man nicht unbedingt braucht. Beschränkungen, Verbote, Abstürze und Notlandungen kosten Nerven, Kraft und Ressourcen, und die Drohnenfotografie hält natürlich auch vom normalen Fotografieren ab.

Im Ergebnis sind Drohnenbilder dennoch eine wunderbare Ergänzung zu Luftaufnahmen aus einem Flugzeug. Diese mache ich auch weiterhin. Denn es ist ein Unterschied, ob man in einer Höhe von 500 oder 4000 Metern fotografiert. Zum Glück leide ich weder an Flugkrankheit noch -angst. Ich fliege sogar ausgesprochen gern. Es gab allerdings auch Flüge, bei denen ich mir wünschte, am Boden geblieben zu sein. In besonderer Erinnerung ist mir ein Flug mit einem Piloten namens Peter. Der sympathische Schwabe, der seit über zwanzig Jahren in Kenia lebt, flog Elly und mich in einer kleinen einmotorigen Cessna von Nairobi zu dem im Ostafrikanischen Grabenbruch gelegenen Turkana-See. Dieses größte Binnengewässer Kenias wird von Vulkanen gesäumt, deren Krater manchmal mit Wasser gefüllt sind; und auf eine solche Aufnahme hoffte ich.

Beim Anschnallen stellte ich fest, dass die Schnalle und ein Teil des Gurts mit einer Mullbinde umwickelt waren, beruhigte mich

Bei heftigem Wind lasse ich die Drohne in Bolivien aufsteigen

aber damit, dass Peter als Deutscher bestimmt demselben Sicherheitsdenken anhing wie ich. Ich hatte vorab darum gebeten, dass die hintere Tür ausgebaut wird, damit der Blick frei war – so hatte ich vorher schon bei anderen Gelegenheiten gearbeitet. Über dem Bogoriasee, wo Tausende Flamingos einen rosa Teppich bildeten, bat ich Peter, enge Kurven zu fliegen, damit ich durch die offene Luke senkrecht nach unten fotografieren konnte. Ich lehnte mich weit vor, denn der eng geschnallte Gurt hielt mich fest im Sitz. Peter gab sein Bestes und legte sich derart steil in die Kurven, dass mir schwindelig wurde und mein Magen zu rebellieren begann. Als wir weiterflogen, kontrollierte ich meine Bilder auf Schärfe und Ausschnitte, zog vorsichtshalber noch einmal fest an meinem Gurt – und erschrak fast zu Tode, als ich plötzlich das eine Ende in der Hand hielt: Der Gurt war aus seiner Verankerung gerissen! Wäre das in den engen Kurven passiert, wäre ich aus dem Flugzeug gefallen. Elly erfasste die Situation sofort; und furchtlos, wie sie ist, schnallte sie sich trotz der heftigen Luftverwirbelungen, die wegen der ausgebauten Tür in der Kabine herrschten, ab und kletterte ins Heck, um den Gurt wieder zu befestigen. Derweil klammerte ich mich an meinen Sitz und versuchte, ruhig zu bleiben. Elly schaffte es nicht, meinen Gurt neu zu verankern, bekam aber einen anderen Gurt zu fassen, dessen Schnalle bis zum Gegenstück meines Gurts reichte. Als es klick machte, atmeten wir beide auf.

Während sich bei Elly infolge des Herumkletterns nun Übelkeit bemerkbar machte, hatte ich meine eigene durch all die Aufregung ganz vergessen. Wir folgten inzwischen dem Saguta-Fluss, der stellenweise über die Ufer getreten war und eine abstrakte Überschwemmungslandschaft geschaffen hatte. Nach zwei engen Kurven über einem Vulkankrater musste Elly die Videokamera beiseitelegen und zur Spucktüte greifen – es sollte nicht das letzte Mal sein. Über dem markantesten Vulkan am Turkana-See, dem Nabuyatom, legte Peter die Cessna wieder in derart enge Spiralkurven, dass es mir schließlich zu viel wurde und ich durch Zeichen versuchte, ihn zu stoppen. Ich konnte Elly nicht länger leiden sehen – und auch mein eigener Magen fing wieder an zu rebellieren; bis es bei einer letzten, besonders steilen Kurve auch bei mir kein Halten mehr gab. Nun hatte Elly aber sämtliche Spucktüten aufgebraucht; also riss ich mir als Ersatz meine Wollmütze vom Kopf. Diese Mütze war mit mir am Nordpol und am Südpol gewesen! Und jetzt musste sie als Spucktüte herhalten. Endlich realisierte

Der Sicherheitsgurt der gecharterten Cessna verdient seinen Namen nicht

Derartige Bilder erfordern Steilkurven bei ausgebauter Türe, Turkana-See, Kenia

Peter, in was für einem Zustand Elly und ich waren, und rief uns in breitem Schwäbisch zu, dass es in der Nähe eine Landebahn gebe. Zehn Minuten später setzte die Maschine rumpelnd im Nirgendwo der kargen Vulkanwüste auf, und mit wackeligen Beinen, aber unendlich erleichtert, wieder festen Boden unter die Füße zu bekommen, kletterten wir aus der Cessna.

# Bilder auf großer Bühne

So, wie mir mein Vater die Leidenschaft fürs Fotografieren mitgegeben hat, verdanke ich meiner Mutter die Freude am Präsentieren. Sie stand als Lehrerin gern vor der Klasse und unterrichtete Latein und Französisch mit einer solchen Hingabe, dass sie es sogar schaffte, ihre Schüler für die alten Römer und für die französische Kultur und Literatur zu interessieren. Sie genoss es, im Bierzelt vor Hunderten Leuten zu dolmetschen, als der Bürgermeister unserer französischen Partnerstadt zu Besuch war. Sie stand gern im Mittelpunkt und hatte passenderweise auch eine natürliche Ausstrahlung. Wie meine Mutter habe ich keine Scheu, auf einer Bühne zu stehen, und offenbar vermittle ich genau die richtige Dosis an Selbstbewusstsein, dass es mir nicht als Arroganz ausgelegt wird, und eine gewisse Demut, aber keine Angst vor der Aufgabe, vor einem großen Publikum zu stehen. Auch meine rhetorischen Fähigkeiten sind eine Gabe, die ich meiner Mutter verdanke. Von Vorteil war vermutlich auch mein unverwechselbares Aussehen, das mir einen hohen Wiedererkennungswert beschert.

Meine Anfänge als Vortragsreferent, zusammen mit Achim Mende, waren dennoch recht dilettantisch. Für unseren Diavortrag *Um frei zu sein, bedarf es wenig – mit dem Fahrrad unterwegs*, den wir 1978 in der Paul-Klee-Stube im Gasthaus Strasser in Gersthofen über unsere Touren zum Hönig hielten, liehen wir uns eine große Landkarte aus der Schule, deren weiße Rückseite wir als Leinwand nutzten, und den Rollei-Projektor meines Vaters, der Dia für Dia aus einem Stangenmagazin holte, aber weder über eine Fernbedienung noch Autofokus verfügte. Beim Reden fielen wir uns zudem ständig ins Wort, weil wir uns vorher nicht abgesprochen hatten. Doch zwei fünfzehnjährigen Jungs verzeiht man (fast) alles.

Und wir lernten schnell dazu. Für unseren nächsten Vortrag versuchten wir bereits, die sogenannte Leicavision zu imitieren, die wir in der Augsburger Kongresshalle gesehen hatten. Mit sechs Diaprojektoren und drei Leinwänden konnten wir natürlich nicht aufwarten, aber wir borgten uns eine zweite Erdkundekarte aus der Schule und besorgten uns zwei Projektoren der Nürnberger Projektorenfirma Braun. Interessanterweise kamen schon damals die großen Kameramarken fast alle aus Japan, die besten Projektoren jedoch aus Deutschland. Angeblich, zumindest hat mir das mal jemand erzählt, bauten die Japaner deshalb keine Projektoren, weil ihre Wohnungen viel zu klein wären, um Bilder groß an die Wand zu werfen. Der Diafilm und die deutschen Projektoren waren letztlich der Grund, warum der Diavortrag ein spezifisch deutsches Phänomen wurde (in Amerika beherrschte der Negativfilm den Markt und ging man später gleich zum Video über).

Dank der zwei Projektoren konnten Achim und ich nun unsere Dias abwechselnd auf die Leinwände projizieren; nur machte sich der Diatransporter von einem der beiden Geräte leider selbständig, sodass uns die Bilder davonliefen und die Abfolge durcheinandergeriet. Wir konnten gar nicht schnell genug reden, um mitzuhalten. Siebenmal fuhren Achim und ich in der folgenden Zeit zu Braun nach Nürnberg. Der Vertriebsleiter, ein ausgesprochen feiner netter Herr, der uns mittlerweile ins Herz geschlossen hatte, verzweifelte selbst daran, was die Elektronik in den Projektoren anstellte. Nicht nur, dass die Dias ohne entsprechenden Befehl weitertransportiert wurden, auch der Autofokus war extrem unzuverlässig. Dias ohne Glasrahmen, wie wir sie hatten, »ploppen« unter der Hitze des Projektors, und der Autofokus hätte dann eigentlich die Schärfe nachziehen müssen – was er jedoch oft genug nicht oder nicht richtig tat.

Die Bilder in Glasrahmen zu stecken war keine Alternative, denn das Glas wäre in der Wärme angelaufen – ein Problem, für das ich später eine Lösung fand. Uns war klar: Wir brauchten einen dritten Mann, der die Bilder scharf stellen sollte. Wir erkoren Hery, einen Freund aus der Nachbarschaft, dazu aus, bedachten dabei aber nicht, dass er extrem kurzsichtig war; da halfen auch seine dicken Brillengläser nicht viel. Und wenn Hery ein Bild *nicht* scharf stellte, was eigentlich ständig der Fall war, weil er nicht nur kurzsichtig, sondern auch noch langsam war, lenkte das Achim und mich jedes Mal vom Erzählen ab. »Hery, stell scharf!«, mahnten wir immer wieder, und »Hery, Hery, stell scharf!«, erklang es bald auch aus dem Publikum, das sich köstlich amüsierte. Bis heute übrigens, nach über 2000 Vorträgen, macht mich bei meinen Vorträgen nichts nervöser, als wenn es Probleme mit der Technik gibt.

Auch für Musik war gesorgt: Robert, ein Freund aus der Zeit bei der Jugendgruppe der Astronomischen Vereinigung Augsburg, lieferte mit seiner Stereoanlage den Soundtrack – immer dabei die Klassiker der siebziger Jahre wie *Wish You Were Here* und *Shine On You Crazy Diamond* von Pink Floyd oder *Wheel in the Sky* von Journey. Robert hatte keinen leichten Job, weil Achim und ich weiterhin die Angewohnheit hatten, uns in unserem Eifer und unserer Begeisterung ständig ins Wort zu fallen, sodass Robert nie wusste, wann er Musik spielen konnte und wann nicht. Es gab also reichlich Pannen und Unzulänglichkeiten. Dafür konnten wir bei den Zuschauern mit unserer Authentizität und Begeisterung punkten.

Mit dem Vortrag *Sahara Sahel Regenwald* über die Tour im Jahr 1982, die uns bis in den Kongo geführt hatte, reisten wir bereits durch ganz Bayern. In München durften wir, ohne Miete zahlen zu müssen, im Vortragssaal des Stadtmuseums auftreten, der 200 Leute fasste. Wir klebten dreißig fotokopierte Plakate an Hauswände in der Fußgängerzone – und wurden von dem Ansturm überrannt.

Mit diesem Vortrag gingen wir im Jahr 1982 auf Bayerntournee

Etwa 800 Leute standen um Karten an. Das lag womöglich auch daran, dass wir auf dem Plakat mit »Stereoprojektion« geworben hatten – was eigentlich heißt, dass man zwei leicht unterschiedliche Bilder projiziert – eines für das rechte, eines für das linke Auge –, die mit Hilfe einer 3-D-Brille im Gehirn zu einem räumlichen Bild zusammengefügt werden. Diese Technik kam bei uns jedoch gar nicht zum Einsatz. Hinter der irreführenden Ankündigung steckte aber keine böse Absicht, sondern schlicht Naivität. Unser Gedankengang war: Eine Stereoanlage hat zwei Boxen, wir haben zwei Leinwände, also machen wir Stereoprojektion.

Ich hatte aber auch viel von einem abschreckenden Beispiel gelernt. Es gab damals einen Profifotografen, der mit seinen Reisevorträgen die Kongresshalle in Augsburg mit über tausend Plätzen füllte. Bei einem Vortrag im Thorbräukeller über die Sahara zeigte er Bilder von Tuareg im Hoggar-Gebirge bei Sonnenuntergang, die unglaublich verstaubt waren. Und bei einem weiteren Vortrag in München ließ er in der Mitte des Vortrags eine Viertelstunde lang Musik und Bilder laufen, während er sich hinten im Saal ein Schnitzel zu Gemüte führte. Und da während des Vortrags bedient werden durfte, kam regelmäßig die Bedienung herein, um frisches Bier zu bringen, was jedes Mal Unruhe in den Saal brachte. Damals wurde auch noch geraucht. Der Referent qualmte sogar auf der

Bühne, und es schien ihn nicht zu interessieren, dass seine Rauchwolken direkt vor der Leinwand schwebten.

Für mich waren das alles klare Botschaften, dass er seinem Publikum keine Wertschätzung entgegenbrachte. Und so achtete ich stets penibel darauf, meine Dias frei von Staub zu halten. Das war eine Heidenarbeit – die sich zum Glück mit der Digitalfotografie erledigt hat. Aber es gibt noch eine Reihe weiterer Dinge, auf die ich Wert lege: Die Bilder müssen natürlich scharf gestellt sein; der Saal muss dunkel sein; die Leinwand muss senkrecht zum Projektor stehen, damit die Bilder sich nicht verziehen. Die Unterkante muss in einer Höhe von mindestens ein Meter zwanzig sein, damit die Köpfe der Zuschauer in den ersten Reihen keine Schatten werfen. Und selbst wenn ich zum hundertsten Mal denselben Vortrag präsentiere, bemühe ich mich, konzentriert bei der Sache zu sein.

Außerdem geht es darum, optimale Rahmenbedingungen zu schaffen. Dazu gehört, dass die Leute gut parken können, nach Möglichkeit auch, dass sie trockenen Hauptes in den Saal kommen, dass es eine Garderobe gibt, dass es einen Pausenverkauf gibt und dass dieser so gut organisiert ist, dass die Leute nicht zu lange anstehen müssen. Der Saal muss zugfrei und angenehm temperiert sein. Er muss nach Möglichkeit leicht ansteigen, um allen einen freien Blick auf die Bühne zu gewähren. Die Bühne braucht eine bestimmte Größe, um einer großen Leinwand – gegebenenfalls auch mehreren – Platz zu bieten, und es darf keine Vorbauten geben, die den Blick einschränken.

Ein Diavortrag ist für mich wie ein Kammerkonzert. Niemand würde einer Violinistin einen Presslufthammer im Nebenraum zumuten oder eine zugige Bühne. Ich habe mich im Lauf der Jahre von etlichen Veranstaltern getrennt, weil sie Säle mieteten, die zwar billig waren, wo aber die Rahmenbedingungen und das Ambiente nicht stimmten. Nicht jeder Referent kann genug Besucher mobilisieren, um sich einen hochwertigen Saal leisten zu können, aber

Die Muffathalle in München ermöglicht eine 14 x 7 m große Leinwand

ein jeder sollte versuchen, wenigstens den bestmöglichen zu finden und im Rahmen der Gegebenheiten optimale Bedingungen für seine Präsentation zu schaffen, weil ein und derselbe Vortrag in einem guten Saal besser wirkt als in einem schlechten.

Locations zu finden, die alle meine Voraussetzungen erfüllen, ist gar nicht so einfach, und eine Tournee zu planen erfordert daher einen ungeheuren Aufwand. Ohne die Hilfe meiner langjährigen Mitarbeiterin und Büromanagerin Tine Wittmann wäre das nicht zu meistern. Leider ist es so gut wie unmöglich, einen Kinosaal zu attraktiven Zeiten zu mieten, da die Filmtheater gegenüber den Verleihern eine Spielverpflichtung eingehen. Denn eigentlich wären Kinosäle optimal: weiche Sitzplätze, ansteigende Sitzreihen, nichts ragt in die Leinwand hinein. Vor allem ist es schön dunkel, denn die Notausgangsschilder leuchten nur so hell, wie es unbedingt sein muss.

Mein Leben lang führe ich einen Kampf gegen zu helle Notausgangsleuchten, weil übereifrige Saalbetreiber oder Prüfsachverständige über das Ziel hinausschießen. Vor allem zu Diazeiten waren diese Leuchten ein Problem, weil die Projektoren nicht genug Leistung brachten und das Bild ab einer Breite von sechs Metern ohnehin flau wurde – und noch viel flauer, je heller der Saal war. Was habe ich mit Hausmeistern, mit Feuerwehrleuten gekämpft, dass ich die Notausgangsschilder ein wenig abdunkeln durfte. Teilweise habe ich sie unmittelbar vor dem Vortrag einfach abgeklebt. Irgendwann kam ich an den Punkt, an dem meine Dias bei der Projektion ihre Grenzen erreichten. Man muss sich vergegenwärtigen, dass dabei ein 24 mal 36 Millimeter kleines Lichtbild so stark vergrößert wird, dass es eine viele Quadratmeter große Fläche füllt. Ab einer Leinwandgröße von 6 mal 4 Meter war Schluss mit lustig (beziehungsweise der Helligkeit der Bilder). Meine Leinwand war inzwischen aber 7,50 mal 5 Meter groß, weil das Publikum auf 500, 600 Leute angewachsen war, sodass ich größere Säle für meine Vorträge buchen musste, und da hätte eine 6 mal 4 Meter große Leinwand wie ein kleines Handtuch gewirkt. Der Unterschied zwischen 6 mal 4 und 7,50 mal 5 klingt auf den ersten Blick nicht dramatisch. Klarer wird er, wenn man sich vergegenwärtigt, dass die kleinere Leinwand knapp 28 000-mal größer war als ein Dia, die größere Leinwand aber über 43 000-mal. Die Lichtmenge, die der Projektor lieferte, war zwar dieselbe, verteilte sich nun aber auf eine weit größere Fläche, wodurch das projizierte Bild wesentlich dunkler wurde. Der Fuji Velvia, der Diafilm, mit dem ich seit 1990 fotografierte, war zwar extrem feinkörnig, sodass man trotzdem brillante Bilder bekam – aber sie waren zu dunkel! Es hieß zwar, der Fuji Velvia würde beim Projizieren mehr Licht durchlassen, weil er dünner sei als die anderen Diafilme, aber ich kann das nicht bestätigen.

Ich versuchte, die physikalischen Grenzen auszudehnen, indem ich mich nach Sälen mit dunklen Wänden und einer dunklen Decke umschaute, denn mit dem Abkleben der Notausgangsschilder

Professionelle Diaprojektion erforderte immensen Aufwand

war es nicht mehr getan. Außerdem ließ ich mir für meine Projektoren einen Transformator bauen, der den Strom aus der Steckdose von 220 auf 238 Volt hochspannte, um mehr Helligkeit zu erzielen.

Das führte allerdings dazu, dass eine Projektorlampe nur etwa eine Veranstaltung durchhielt. Die Projektoren – vier Stück an der Zahl – hatten eine Schnellwechseleinrichtung, sodass sofort, ohne dass die Zuschauer es mitbekommen hätten, eine neue Lampe einsprang, sobald die alte kaputt war. Was natürlich alles ins Geld ging. Der Transformator hatte mich 2000 Mark gekostet, für die im Schnitt vier Lampen pro Vorstellung waren fünfzig Mark fällig … Einmal hatte ich das große Glück, dass mich die Firma Osram fragte, wo ich ein bestimmtes Wüstenbild gemacht hätte, weil sie dort eine Werbekampagne für Osram fotografieren wollten. Das, so antwortete ich, würde ich ihnen nur verraten, wenn ich im Gegenzug tausend Projektorlampen bekäme. Tatsächlich schickte mir Osram tausend Lampen, die ich auch alle verbrauchte.

Mit dem Hochspannen auf 238 Volt waren für die Dias die Grenzen der Physik erreicht, denn mehr Volt bedeutete auch, dass die Dias, solange sie im Schacht vor der Lampe positioniert waren, und das konnten mehrere Sekunden oder gar Minuten sein, einer stärkeren Wärmeentwicklung ausgesetzt waren. Wer im Projektionsraum eines althergebrachten Kinos beobachtet hat, wie ein Film im Projektor verdampft, wenn die Rolle zum Stillstand kommt, weiß wovon ich schreibe.

Obwohl das Problem mit der Helligkeit also einigermaßen zufriedenstellend gelöst war, überlegte ich immer wieder, ob ich nicht auf Mittelformat umsteigen sollte. Beim Mittelformat 6 mal 7 zum Beispiel, dem sogenannten Idealformat, wäre die Fläche fast fünfmal größer als beim Kleinbildformat. Einiges sprach dagegen: Mittelformat bedeutet größere Kamera, größere Objektive, größere Filme, sprich mehr Kosten. Mit Mittelformat war man sehr unflexibel, es gab keine Kamera mit Autofokus, das heißt, ich wäre wieder langsamer, die Fotografie ausgesprochen statisch. Für die Vorträge aber – und auch für den Buchdruck – wäre es definitiv von Vorteil gewesen, wie ich schon seit 1989 wusste.

Ich fand einen Weg, im Kleinbildformat zu fotografieren, aber im Mittelformat zu projizieren. Für die Premiere von *Ténéré* buchte ich den Kongresssaal des Deutschen Museums in München mit 2400 Plätzen! Das war wagemutig, man könnte auch sagen größenwahnsinnig, denn bis dahin hatte es nur Reinhold Messner geschafft, den Saal mit einem Diavortrag zu füllen. Ich ließ 4000 A1-Plakate drucken und gewann Alcxander, den Bruder meiner damaligen Freundin Steffi, als Plakatierer. Er sollte die Plakate alle schwarz in München aufhängen; was er auch zuverlässig tat: Der Vortrag war bereits vorab ausverkauft. Da wusste ich, ich musste handeln; denn ich konnte in diesen riesigen Saal unmöglich eine Leinwand mit nur 6 mal 4 oder 7,50 mal 5 Metern reinstellen, wenn er bis in die hinterste Reihe gefüllt war. Theoretisch konnte man die gesamte vordere Wand als Leinwand nutzen; doch dafür waren meine Dias zu klein und meine Projektoren zu schwach.

Es gab in München aber mit dem Ehepaar Götschmann einen Projektorenhersteller, der die hellsten Projektoren der Welt für Mittelformat baute. Damit hatte Reinhold Messner in der Arena von Verona ein ungeheuer großes, helles Bild geschaffen. Ich dachte: Das brauche ich auch – und lieh mir für die *Ténéré*-Premiere Götschmann-Projektoren.

Nun war noch das Problem zu lösen, dass meine Dias nicht das passende Format hatten. In einer Wahnsinnsaktion ließ ich alle 800 Dias, die ich in dem Vortrag zeigen wollte, von 24 mal 36 auf 60 mal 70 Millimeter »hochduplizieren«. Die Qualität wurde dadurch zwar nicht besser und es musste an der Seite etwas abgeschnitten werden, weil das Seitenverhältnis anders war, aber die Dias waren größer.

Als letzten Schritt mussten sie noch gerahmt werden. Bis tief in die Nacht saß ich mit den Mitbewohnern meiner WG an der Arbeit. Das alles für eine einzige Vorstellung – dachte ich. Die Museumsverwaltung war sogar so nett, die »Diawand« extra für mich weißeln zu lassen, um die vielen Schmutzspuren zu tilgen und damit sie besser reflektierte.

Der Vortrag kam so gut an, dass er weitere dreimal im Kongressaal stattfand. Der Eintrittspreis war moderat – sechs Mark pro Person beziehungsweise vier Mark für Studenten –, aber ich hatte insgesamt fast 10 000 Leute auf die Beine gebracht. Das war Rekord und für mich der Durchbruch.

Nichtsdestotrotz blieben diese Veranstaltungen bis heute die größten, die ich je gehalten habe; denn zum einen gab es bald ein Überangebot an Diavorträgen, sodass die Besucherzahlen bei den einzelnen Veranstaltungen dementsprechend sanken, zum anderen wurde das Angebot anderer Medien, die Informationen über ferne Länder boten, immer größer.

Da die Götschmann-Projektoren nur geliehen waren, ging ich weiter mit meinen eigenen Projektoren von Kodak und später Leica auf Vortragstournee. Allerdings steckten die Dias, anders als noch bei meinen ersten Vorträgen, mittlerweile in Glasrahmen, damit sie sich nicht wölben konnten. Diese Rahmen waren eine Wissenschaft für sich. Die besten hatten ein Anti-Newton-Glas, damit keine sogenannten Newtonringe (ähnlich wie auf einer Seifenblase) entstehen. Blieb das Problem, dass die Dias Feuchtigkeit aus der Luft zogen. Besonders bei einem abrupten Temperaturwechsel – aus dem kalten Auto in den warmen Saal, vom warmen Saal in den heißen Projektor – bildeten sich an den Innenflächen der hauchdünnen Glasscheiben oft hässliche und störende, sich auch noch ständig verändernde Flecken, die im schlimmsten Fall als dauerhafter Wasserfleck auf dem Dia blieben.

Auch dafür fand ich eine Lösung. Mir war aufgefallen, dass in Verpackungen elektronischer Geräte, aber auch zum Beispiel in Handtaschen oder Koffern oft ein Säckchen mit sogenanntem Silica steckt, kleinen Kügelchen aus Siliciumdioxid, die etwaige Feuchtigkeit binden. Ich bestellte bei einem Chemiegroßhandel einen Zehn-Kilo-Eimer Silica mit Feuchtigkeitsindikator. Von meiner Mutter holte ich mir vier längliche Backformen, füllte in jede ein Kilo Silica, spannte einen feinen Maschendraht darüber, damit die Kügelchen nicht herausfallen konnten, und stellte je zwei Formen in die zwei Boxen, in denen ich meine Rundmagazine transportierte. Es funktionierte! Das Silica hielt meine Dias wunderbar trocken. Ich konnte sie kurz vor der Veranstaltung aus den Boxen holen und auf die Projektoren stellen, und es gab kein Anlaufen.

Solange das Silica blau war, war es trocken und konnte Feuchtigkeit aufnehmen. Wenn es sich rot färbte, war es vollgesogen. Das war nach zwei, drei Veranstaltungen der Fall. Glücklicherweise ist Silica wiederverwendbar, ich musste es nur wieder trocken bekommen. Dazu brauchte ich einen Backofen. Da ich während einer Tournee aber selten zu Hause war, musste ich in den Hotels, in denen ich übernachtete, darum bitten, dass das Silica in der

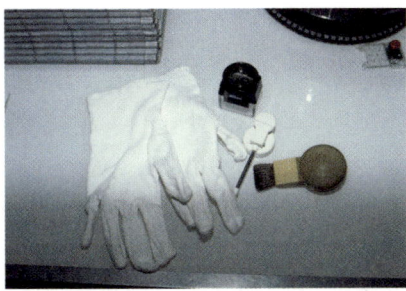

Ich vermisse das aufwendige Rahmen und Archivieren der Dias nicht

Küche für eine Stunde ins Backrohr geschoben wird. Es war oft viel Überredungskunst nötig, damit man mir den Gefallen tat, und viel Überzeugungsarbeit, dass das Silica nicht explodieren würde. Erfolg hatte ich immer nur, wenn ich schon einmal Gast in dem Hotel gewesen und dem Besitzer oder Manager daher bekannt war.

Das andere Problem war, dass mitunter trotz Maschendraht Kügelchen aus der Backform kullerten und in die Rundmagazine gerieten. Dann verhakte sich das Magazin im Projektor, und ich musste den Vortrag unterbrechen, bis der Schaden behoben war und die komplizierte Mechanik wieder einwandfrei funktionierte.

Trotz alledem hielt ich lange an Dias und Projektoren fest. Der Hauptgrund waren die Beamer: Es gab noch keine bezahlbaren und zugleich hellen Full-HD-Beamer, sodass die Bilder recht pixelig waren; außerdem war die Farbqualität unbrauchbar. Erst 2009 gab es einen guten, passenden Beamer. Ich ließ sämtliche Dias des Vortrags *30 Jahre Abenteuer* einscannen, um ihn in einen Beamer-Vortrag umzuwandeln – und auf einmal waren all die Probleme verschwunden, mit denen mich meine Projektoren über Jahrzehnte auf Trab gehalten hatten. Die Schärfe musste nur noch ein einziges Mal vor Beginn der Vorstellung eingestellt statt immer wieder nachjustiert werden. Es gab kein Anlaufproblem mehr, kein Silica mehr, das getrocknet werden musste, keine herumkullernden Kügelchen. Der Aufbau ging viel schneller, weil der eine Beamer die vier Projektoren ersetzte, mit denen ich vorher gearbeitet hatte, um schnelle Bildwechsel zu ermöglichen und nicht so häufig das Magazin wechseln zu müssen. Die vier Projektoren hatten zudem ganz genau auf die Leinwand justiert werden müssen, damit die Projektionsbilder deckungsgleich waren. Das allein war mühsam. Waren die Projektoren im leeren Saal noch genau justiert, konnte es zum Beispiel passieren, dass sich der Fußboden, auf dem die Projektoren standen, durch das

Der Einsatz von Beamern vereinfacht nicht nur die Scharfstellung

Gewicht der Zuschauer verzog und die Projektoren nicht mehr deckungsgleich waren.

Ein anderes Problem war, dass die Diaprojektoren bei schrägem Lichtstrahl ein trapezförmiges Bild auf die Leinwand warfen. Das kann bei einem Beamer ebenfalls passieren, aber ein gutes Gerät hat eine Linsenverstellung, auch Lens-Shift genannt, mit der sich ein Versatz zur optischen Achse ganz einfach ausgleichen und somit ein Verzerren der Bilder verhindern beziehungsweise ausgleichen lässt.

Ein weiterer großer Pluspunkt war, dass ich nicht mehr ständig meine Diamagazine im Auge behalten musste, damit sie bloß nicht abhandenkamen. *Wüsten der Erde* hatte zum Beispiel achtzehn große Magazine in Anspruch genommen, die zwei große Zarges-Boxen füllten. Während des Vortrags verschloss ich die Kisten und kettete sie mit einem Fahrradschloss an, damit sie nicht jemand mitgehen ließ. Nach jeder Vorstellung schleppte ich die Kisten mit in die Pizzeria, ins Hotelzimmer oder nach Hause, je nachdem.

Man mag mich für paranoid halten, doch die Dias waren ja alles Unikate, und ohne Dias kein Vortrag. Wie einfach ist es dagegen heute: Die Bilder sind auf einem Notebook. Zur Sicherheit habe ich bei Vorträgen immer ein zweites Notebook dabei – und natürlich zu Hause eine Datensicherung.

Was war ich froh, als ich die ständige Angst vor Diebstahl und die Schlepperei endlich los war. Und weil es so schön war, machte ich die Umwandlung von Dia- zu Beamervortrag gleich noch mit *Wüsten der Erde*. Wobei sich »schön« auf die vielen Erleichterungen bezog, die mit der Nutzung eines Beamers einhergingen, das »Umprogrammieren« selbst war nämlich eine Heidenarbeit. Nicht nur mussten für diesen Vortrag insgesamt fast 2000 Dias digitalisiert werden, es mussten auch Hunderte Wartemarken und zig Musikstücke in ein anderes Programm übertragen werden. Der Einsatz eines Beamers hatte nämlich zur Folge, dass ich das Steuerungsprogramm, mit dem bis dahin Bilder und Musik synchronisiert wurden, nicht mehr nutzen konnte. Die Synchronisation lief über einen speziellen Kassettenrekorder mit einer Plus-Track-Spur, auf dem ein Steuersignal für das Überblendgerät war, das die Projektoren steuerte. Die Musik steuerte also die Projektoren, und so bekam ich eine perfekte Musik-Bild-Synchronisation auf die Leinwand. Ich konnte auf Knopfdruck den Ablauf für Live-Kommentare jederzeit stoppen und wieder starten. Ohne Diaprojektoren nutzte mir das Programm jedoch nichts mehr.

Freundlicherweise half mir Steffen Richter, der Entwickler der Software meines neuen Steuerungsprogramms, dabei, mich in das Programm einzuarbeiten; wobei die eigentliche Programmierung des Vortrags wie schon seit vielen Jahren wieder mein Freund Alex Schwindt übernahm. Bei den digitalen Steuerungsprogrammen stehen auf einer Timeline die Bilder und auf einer zweiten Timeline die Musik, und die Synchronisation erfolgt am Bildschirm. Davon abgesehen ist das Ganze recht ähnlich wie meine alte Kassettenrekorder-Methode: Es gibt programmierte Sequenzen mit Bild-Musik-Kombinationen, die ich mit Hilfe einer Fernbedienung jederzeit für meine Live-Kommentare unterbrechen kann.

Auf Alex war ich 1994 aufmerksam geworden. Er und seine zwei Partner hatten sich mit ihrer Firma schon einen Namen in der Szene gemacht. Alex machte avantgardistische, ausgefeilte Multivisionen unter anderem über Ägypten und New York. Diese Shows waren ohne Text, aber die Bilder waren hervorragend mit Musik kombiniert und perfekt synchronisiert. 1995 erstellten wir das erste Mal gemeinsam einen Vortrag: *Nil – Abenteuer und Mythos Afrika.* Es war der Beginn einer fruchtbaren Zusammenarbeit, die bis heute andauert. In Alex' Studio wählten wir gemeinsam die Bilder aus, diskutierten über die Zusammenstellung, erarbeiteten ein Konzept. Wir suchten gemeinsam die Musik aus dem Fundus aus, den mein Freund Laszlo Szell vorschlug. Alex hat selbst auch ein großes Musikwissen, dazu ein außergewöhnliches Gespür für Musik und für ihre richtige Kombination mit Bildern. Durch ihn erfuhren meine Präsentationen einen Riesenschub. Im selben Jahr begann auch die Zusammenarbeit mit Thilo Mössner, der die folgenden zwanzig Jahre für den Auf- und Abbau des Equipments sowie das Wechseln der Diamagazine verantwortlich war und als Fahrer die unzähligen Kilometer der Tourneen abspulte.

Obwohl Alex und ich inzwischen ein eingespieltes Team sind, erfordert die Erstellung meiner Multivisionsshows immer noch viel Zeit. Für *Planet Wüste* zum Beispiel saßen wir insgesamt hundert Tage im Studio, um ein Konzept zu erarbeiten, Bilder und Musik auszusuchen, daraus Sequenzen zusammenzustellen, Textmaterial für das Redemanuskript zu sammeln und schließlich alles zu einer Einheit zusammenzuführen.

Für *Planet Wüste* wollte ich in Sachen Projektion noch einen Schritt weitergehen: Die projizierten Bilder sollten noch größer und heller werden. Dazu brauchte ich einen besseren Beamer und neue Leinwände. Bei beidem half mir die Firma AV Stumpfl aus Österreich. Ich schloss mit dem zuständigen Mitarbeiter per Handschlag folgende Vereinbarung: Ich werde Markenbotschafter für die Leinwände und die Präsentationssoftware und erhalte im Gegenzug den hellsten transportablen Beamer sowie Leinwände zum Vorzugspreis.

Dieser Beamer hat eine derartige Leuchtkraft, dass ich bis zu vierzehn Meter breite Bilder projizieren kann. Da sein Chip ein Seitenverhältnis von 16:10 besitzt, wären die Bilder aber rein rechnerisch 8,75 Meter hoch. Aber wo findet sich eine Bühne, auf der eine über 120 Quadratmeter große Leinwand aufgebaut werden kann? Und so muss ich mich nach den baulichen Gegebenheiten richten. Natürlich vermeide ich besonders niedrige Säle, denn von der Saalhöhe – nicht der Bühnenhöhe – muss ich noch einen Mindestabstand zur Unterkante der Leinwand abziehen, die schon erwähnten 1,20 Meter. Meine Tourneen haben mir gezeigt, dass die meisten Bühnen ein Seitenverhältnis von 2:1 haben, die lichte Bühnenhöhe ist also halb so groß wie die Bühnenbreite.

Wenn ich im üblichen 3:2-Format projiziere, verschenke ich also ein Drittel der Breite. So kam mir der Gedanke, in einem solchen Fall im 2:1-Format zu projizieren – das dann natürlich auch die Leinwände haben müssen. Daher schaffte ich mir neben den vier 3:2-Leinwänden weitere vier im 2:1-Format an, darunter mei-

Das Aufstellen großer Leinwände ist oftmals riskant

ne bislang größte überhaupt: 14 mal 7 Meter. Damit war es aber nicht getan, denn nun musste in meiner Präsentationssoftware auch noch eine 2:1-Version der Show programmiert werden. Dafür musste jedes der 1400 Bilder seitlich beschnitten werden, was aber besser ging, als ich dachte.

So bin ich also nun mit neun verschieden großen Leinwänden unterwegs, vier im Format 3:2, fünf im Format 2:1. Am Zielort angekommen, gehen mein Cheftechniker Julius Münnig und ich in den Saal und sehen meist schon auf den ersten Blick, welche größtmögliche Leinwand wir aufbauen können. Wenn der Hausmeister nach dem Aufbau sagt, so eine große Leinwand hätten sie in dem Saal noch nie gehabt, bin ich zufrieden.

Zur ersten Veranstaltung von *Planet Wüste* kamen Julius, sein Helfer und ich extra früh in der Halle an – und es war sofort klar, dass wir gleich zum ersten Mal die 14 mal 7 Meter große Leinwand einsetzen konnten. Voller Vorfreude packten wir alles aus – und standen ratlos vor dem Gestänge: ein Gewirr aus unterschiedlich langen und dicken Stangen, einem Mikado-Spiel nicht unähnlich; und wir hatten keine Ahnung, was wie zusammengehört. Es kostete uns beinahe den letzten Nerv, bis die Leinwand endlich stand; doch als der Beamer meine Bilder strahlend hell auf die Leinwand warf, welche die gesamte Saalbreite einnahm, war ich glücklich. Von so einer Projektion hatte ich immer geträumt.

Die ersten Vorträge zu einem neuen Projekt sind rhetorisch nie die besten, weil ich weder das Timing von Bild, Musik und Vortrag noch mein Redemanuskript schon zu hundert Prozent im Kopf habe. Das muss sich alles erst einspielen. Bei den ersten Veranstaltungen achte ich zudem auf die Publikumsreaktionen und finde auch aus eigenen Beobachtungen immer wieder etwas, was sich verbessern lässt. Bei den ersten öffentlichen Veranstaltungen bin ich noch lange nicht gut, lese viel vom Blatt ab, verliere manchmal den Faden und es hapert beim Timing. Erst nach zwanzig, dreißig

Auftritten gerate ich in eine gewisse wohltuende, positive Routine. Auch bei *Planet Wüste* brauchte es etliche Vorstellungen, bis sich alles eingespielt hatte, bis der Aufbau der riesigen Leinwand leicht von der Hand ging und ich sattelfest war, doch dann kamen Rückmeldungen, die mich mit großer Freude erfüllten.

Dabei war ich, obwohl ich inzwischen längst digital fotografierte, dem Prinzip Diavortrag treu geblieben: Bilder ineinander überblenden, sie mit Musik synchronisieren, Musikparts und live gesprochene Kommentare abwechseln, aber *keine* Videosequenzen. Bis heute habe ich der Versuchung widerstanden, bewegte Bilder einzustreuen oder andere Möglichkeiten zu nutzen, die ein Beamervortrag bietet. Passen Bilder, Musik und Kommentar zusammen, ist die Wirkung oft viel stärker als bei einer Videosequenz. Hinzu kommt, dass ein gutes Bild in viel kürzerer Zeit Inhalte und Emotionen vermittelt, als ein Film dies könnte, und beim Zuschauer auch noch Raum für Assoziationen lässt. Geändert hat sich also lediglich die Projektionstechnik.

Ein großer Wermutstropfen bleibt bei alledem: Die Leica-Projektoren hatten eine Schärfe auf die Leinwand gebracht, die bis heute mit keinem Beamer zu erreichen ist. Der Chip eines Beamers hat in aller Regel lediglich zwei Millionen oder vier Millionen Pixel. Wenn ich auf der Bühne stehe, kann ich die einzelnen Pixel sehen. Das liegt nicht an der Fotografie, denn die Sensoren meiner Kameras haben bis zu 45 Millionen Pixel. Der Beamer ist das Nadelöhr.

Häufig werde ich von Zuschauern auf die Musik angesprochen, die ich bei meinen Vorträgen spiele. Ich nenne dann gern ein paar Stücke, gebe aber keine Musiklisten heraus. Das würde es etwaigen Konkurrenten zu einfach machen. Mit einer einschlägigen App könnten sie ohnehin viele Stücke identifizieren, wenngleich nicht alle, denn die Musik bei meinen Vorträgen ist nicht Mainstream.

Es muss 1985 oder 1986 gewesen sein, als mich nach einer Veranstaltung in Bonn ein Zuschauer ansprach und, wie ich es damals empfand, zutextete. Er wüsste viel bessere Musik für meine Vorträge, als ich sie spiele. Irgendwann schickte mir dieser Mann, Laszlo Szell, eine Probekassette mit sogenannter Weltmusik – wunderschöne Mischformen aus westlicher Musik wie Rock, Pop und Soul mit Musikstilen anderer Kulturen. Ich war total begeistert. Und so hat Laszlo ab 1989 für einige Jahre die Musik für meine Vorträge zusammengestellt. Er hatte Kontakt zu Virgin Records, der Nummer eins der Musikverlage. Virgin wiederum hatte das Label Real World Records unter seinem Dach, das von Peter Gabriel, dem früheren Sänger von Genesis, gegründet worden war und sich auf Weltmusik spezialisiert hatte. Dank Laszlo erhielt ich von Virgin die Erlaubnis, bei meinen Vorträgen die Musik von Real World zu spielen. Ich durfte aus dem Fundus afrikanischer Musik dieses Labels sogar eine Compilation-CD zusammenstellen, die meinem Buch *In Afrika* beigelegt wurde. Damit nicht genug, arrangierte Virgin, dass Peter Gabriel das Vorwort schrieb.

Inzwischen stelle ich gemeinsam mit Alex Schwindt die Musik selbst zusammen. Mein Musikwissen ist über die Jahre genug gewachsen, und heutzutage hat man über Plattformen wunderbar Zugriff. Vortragsmusik hat im Grunde ähnliche Ansprüche wie Filmmusik: Sie muss Stimmungen unterstützen, transportieren, verstärken. Soundtracks bekannter Spielfilme oder Musicals sind dazu geschaffen, aber es ist dennoch keine gute Idee, sie zu verwenden, weil sie einschlägige Assoziationen hervorrufen. Bei der Titelmelodie von *Spiel mir das Lied vom Tod* zum Beispiel denkt jeder sofort an diesen Western.

Das beste Stück ist eines, das eine große Wirkung auf ein möglichst breites Publikum hat – aber unbekannt ist. Grundsätzlich kann ich daher die Musikstücke, die ich verwende, nach einigen Jahren wieder einsetzen, denn sie sind oft so speziell, dass die Zuschauer sich nicht daran erinnern und sie in dieser Zeit wahrscheinlich auch nirgendwo anders gehört haben. Und natürlich muss die Musik zu den Bildern passen. Ich kann unmöglich eine lateinamerikanische Melodie zu Bildern aus Afrika spielen. Wobei Ausnahmen die Regel bestätigen: Einmal kombinierte ich hebräischen A-cappella-Gesang mit Bildern aus Arabien; das war riskant, hat in diesem Fall aber gut harmoniert. Grundsätzlich ist Weltmusik eine gute Wahl, weil sie universell ist.

Ich höre bei jeder Gelegenheit Musik, suche dabei aber nicht aktiv nach passenden Stücken. Wenn im Radio etwas läuft, was mir gefällt, aktiviere ich sofort eine Musikerkennungs-App. In einer Radiosendung des Bayerischen Rundfunks über Papst Johannes Paul II. hörte ich ein wunderbares Musikstück, das meine App nicht kannte. Ich schrieb an den BR, aber der konnte mir auch nicht weiterhelfen, und verwies mich an die Autorin. Sie nannte mir netterweise das Musikstück, und ich war überglücklich. Soll heißen: Ein schönes, tolles Musikstück zu finden ist genauso wichtig, wie ein tolles Bild zu machen. Leider sind meine Bemühungen nicht immer von Erfolg gekrönt: Ein mongolischer Fahrer schenkte mir nach einer langen Reise durch sein Land die Kassette, die ich in seinem Auto immer gern gehört hatte. Ein Lied hatte mir dabei besonders gut gefallen, aber die Qualität der Kassette ist so schlecht, dass ich das Stück in einem Vortrag nicht verwenden kann, und meine Suche nach einer guten Aufnahme blieb leider vergebens.

Noch nach vier Jahrzehnten gehört es für mich zu den schönsten Momenten meiner Arbeit, vor einem vollbesetzten Saal auf die Bühne zu treten und das erwartungsfrohe Publikum zu begrüßen. Ich weiß, dass ich mich auf die Wirkung meiner Bilder und der Musik verlassen kann, zumal viele Zuschauer keine genaue Vorstellung haben, was sie erwartet, und manche vielleicht an Vorträge von Verwandten und Nachbarn denken, die durch langatmige Erklärungen und schlechte Bilder nervten. Hell projizierte, mit passender Musik synchronisierte Bilder entfalten hingegen eine ungeheure Wirkung. Wenn diese Synthese aus Bild und Musik noch durch spannende Live-Kommentare ergänzt wird, kann eine Multivisionsshow das Publikum faszinieren.

Um bei mir selbst die Spannung zu erhalten, um Abend für Abend wieder Begeisterung und Motivation in mir abzurufen, schaue ich nicht ins Publikum, sondern mit ihm zusammen auf die Bilder und lasse mich von der Musik tragen. Letztere höre ich über die Lautsprecher, meine eigene Stimme klar und deutlich über Ohrstöpsel mit Micro-Lautsprechern, sodass ich sie kontrollieren kann und nicht gegen die Musik anreden muss. Die Bilder und noch mehr die Musik versetzen mich in die Stimmung, dass ich ein und desselben Vortrag wieder und wieder mit Elan und voller Leidenschaft halten kann. Es ist für mich ein ganz besonderes Lob, wenn Zuschauer auch nach einigen hundert Vorträgen sagen: »Sie kommentieren es so, als wäre es das erste Mal.«

Neben den Auftritten selbst genieße ich auch das Tourneeleben. Das tägliche Weiterziehen mit meinem Team und zwei Transportern für das Bühnenequipment und die Merchandising-Artikel, hauptsächlich Bücher, empfinde ich als spannend und inspirierend. Bis heute lerne ich gern neue Städte und Landschaften kennen. Wir verlassen meist am Vormittag das Hotel und fahren, oft mehrere Stunden, zum nächsten Auftrittsort. Wenn wir dort am frühen Nachmittag eintreffen, schauen wir uns gemeinsam mit

Eine gute Begrüßung ist sehr wichtig

Während des Vortrags stehe ich immer wieder auch vor der Leinwand

dem Haustechniker den Saal an. Techniker Julius und sein Helfer bauen zwei, drei Stunden lang die Projektions- und Tonanlage auf, während mein Buchverkäufer Detlev Kratz den Büchertisch bestückt und Werbedisplays platziert. Nach dem Soundcheck gegen halb sechs Uhr abends gehen wir alle gemeinsam essen und kehren eine Stunde vor Veranstaltungsbeginn in den Saal zurück. Unser Tagesablauf hat also eine gewisse Routine, und trotzdem ist jeder Abend auf angenehme Weise anders.

Wenn ich heute während einer Show nach hinten gehe und sehe, wie die Leute gebannt auf die Leinwand blicken, höre, wie die Musik aufbrandet, sind das Glücksmomente. Dafür hat sich alles gelohnt: die vielen Reisen, die Kosten, die viele Arbeit.

# Gedruckte Fotografie

Mein erster Verlag war kein klassischer Buchverlag, sondern eine Art Nebenerwerbszweig jener Druckerei, die ich 1985 eher zufällig betrat, weil ich auf dem Weg zur Uni immer daran vorbeilief und gerade auf der Suche nach einer Druckerei war, die mir die Eintrittskarten für eine Veranstaltung im Deutschen Museum drucken sollte. Ich stieß dort auf einen überaus freundlichen, charismatischen Mann namens Christoph Hofbauer, der die Firma zusammen mit seinem Bruder Michael führte, und bis heute für mich sehr wichtig ist. Christoph sah sich durch die Arbeit in der Druckerei allein nicht ausgefüllt, weshalb er mit seinem Freund Michael Müller den Anacon-Verlag gründete, um Reiseführer zu verlegen, ein Buchsegment, das damals gerade zu boomen begann. Der Anacon-Verlag bestand nur aus diesen beiden. Michael war für die Texte zuständig, Christoph fürs Drucken. Christoph und ich wurden bald Freunde, und es entwickelte sich die Idee für einen Bildband, der meine bis dahin besten Wüstenbilder zusammenfassen sollte. Das ganze Projekt war ein großes Glück für mich, denn Christoph war nicht nur Perfektionist, sondern auch innovativ und avantgardistisch. So wurde *Sahara*, mein allererstes Buch überhaupt, ein sehr hochwertiger Bildband. Der schwarze Fond der Seiten wurde matt lackiert, die Bilder selbst wurden glanzlackiert, wodurch sie den Anschein erweckten, als wären sie Seite für Seite in Handarbeit eingeklebt worden: Das Buch wirkte wie ein sehr edles Fotoalbum. Christoph toppte das Ganze noch dadurch, dass der Schriftzug *Sahara* auf dem Einband heißfolienkaschiert wurde, das heißt, unter Hitzeeinwirkung und Druck auf den Buchdeckel geprägt. Das sah nicht nur toll aus, man konnte die Prägung auch spüren, wenn man mit den Fingern darüberstrich.

Stolz und glücklich präsentierte ich *Sahara* bei meinen Veranstaltungen auf dem Büchertisch – und freute mich über jedes Exemplar, das ich verkaufte, erst recht, wenn ich gebeten wurde, das Buch zu signieren. Im Oktober 1990 war ich das erste Mal auf der Frankfurter Buchmesse, wo Anacon den kleinstmöglichen Stand gebucht hatte, so winzig, dass ich mich darin kaum bewegen konnte. In meiner jugendlichen Naivität dachte ich, die Messebesucher würden sich um mich und mein Buch reißen, aber das Publikum lief einfach an uns vorbei. Auch sonst erhielt *Sahara* wenig Aufmerksamkeit. Am meisten freute mich eine positive Rezension in der *Süddeutschen Zeitung*, die erste Buchkritik meines Lebens, die der Verfasser mit einem kleinen Autorenporträt verbunden hatte. *Sahara* war sozusagen mein Entrée in die Presse, die sich für meine Diavorträge nie interessiert hatte. Daran hat sich seither nichts geändert: Über Ausstellungen, Bücher oder Konzerte wird geschrieben, über (Dia-)Vorträge nicht. Und da merkte ich, dass ein Buch wie eine Visitenkarte ist.

Bald gab es ein großes Problem mit *Sahara*. Der Glanzlack, mit dem die Bilder überzogen worden waren, löste den Bindeleim an, und es gab immer mehr Beschwerden aus den Buchhandlungen, dass nach wenigen Wochen die Seiten herausfielen. Auch bei meinen eigenen Exemplaren war das der Fall. Das war auf der einen

Mein erstes Buch erschien 1991

Seite frustrierend – auf der anderen eine unverhoffte Chance. Denn bei der Neuauflage konnte ein anderer grober Fehler ausgebügelt werden: Ich hatte von einem sudanesischen Kalligrafen zwei Koransuren in filigraner Handschrift mit Tusche niederschreiben lassen, und eine davon war seitenverkehrt ins Buch geraten.

Auch bei meinem zweiten Buch war Christoph sozusagen der Motor. Er machte mich mit Ilija Trojanow bekannt, der später als Schriftsteller und Übersetzer bekannt wurde. Ilija hatte gerade den Marino Verlag gegründet, der sich auf afrikanische Literatur spezialisierte, und gemeinsam entwickelten wir die Idee zu einem großen Afrika-Bildband, der bei Marino erscheinen sollte. Ilija würde die Texte schreiben, Christoph sich um alles rund um den Druck kümmern, und ich die Bilder beitragen.

Als die Idee zu diesem Buch langsam Gestalt annahm, beschlossen Ilija und ich, eine gemeinsame Reise nach Ostafrika zu machen. Ilija hatte von 1972 bis 1984 fast durchgängig in Kenia gelebt und war dort noch mit vielen Leuten befreundet. Seine Kontakte eröffneten mir ganz neue Möglichkeiten. In Nairobi führte uns einer seiner Freunde durch die Slums des Stadtviertels Mathare Valley, wo er als Sozialarbeiter tätig war und ich, quasi unter dem Schutz dieses Freundes stehend, fotografieren konnte.

In Uganda trafen wir Literaten, deren Werke Ilija veröffentlicht hatte, und besuchten diverse Feste, unter anderem ein Beschneidungsfest. In Ruanda erhielten wir die Gelegenheit, Berggorillas aus nächster Nähe zu sehen, lange bevor diese Tiere zu einer Touristenattraktion wurden. Es war eine ausgedehnte Reise, die mich auch ein Stück weit zur Sozialfotografie brachte; denn außer in Mathare Valley fotografierte ich viel auf der Straße, das Leben der einfachen Leute – wodurch Bilder entstanden, die unser gemeinsames Buch stark prägten. *In Afrika* war in vielerlei Hinsicht etwas Besonderes. Für die Bildseiten kam für Christoph wieder nur ein schwarzer Fond in Frage. Für die Textseiten hatte Christoph jedoch

Sozialfotografie in einem Slum in Nairobi, Kenia

einen weiteren seiner ausgefallenen Einfälle: Packpapier, echtes, haptisch etwas raues Packpapier, sozusagen erdig. Die beigelegte CD mit afrikanischer Musik und das Vorwort von Peter Gabriel taten ein Übriges, um dem Werk Aufmerksamkeit zu verschaffen.

Auch mit meinem dritten Buch, *Bilder aus Afrika*, verbinde ich besondere Erinnerungen. Es gab damals einen Reisefotografen, den ich sehr bewunderte. Karl Johaentges hatte als junger Architekt eine dreijährige Weltreise unternommen, während der er unter anderem in Indien, Japan, Hongkong und Australien seinem Beruf nachging. Nach seiner Rückkehr gründete er den KaJo-Verlag und brachte als Erstes sein eigenes Buch *Bilder einer Weltreise* heraus. Es war absolut neuartig in der Art des Layouts und dem sehr persönlichen Stil, denn die Bildunterschriften waren in Johaentges' Handschrift, was zum Markenzeichen seiner Reihe *Bilder aus …* wurde.

Es erfüllte mich mit Stolz, als ich sein Interesse an einem Buch *Bilder aus Afrika* wecken konnte. Er kam sogar für ein erstes Treffen von Hannover nach München. Ich saß mit meiner kleinen Tochter Gina zur vereinbarten Uhrzeit im Eiscafé Portofino in München-Pasing, und nach einer Stunde dachte ich mir: Ganz schön unpünktlich der Kerl. Später stellte sich heraus, dass Karl Johaentges, der am Tisch direkt neben mir saß, dasselbe dachte. Ich hatte ihn nicht erkannt, denn so dünn und hager wie auf den Fotos von seiner Weltreise war er nicht mehr, und er brachte den Mann mit der wilden Mähne und dem Kind nicht mit jemandem in Verbindung, der auf ein Geschäftstreffen wartete. Erst als wir beide schon frustriert das Café verlassen wollten, klärte sich das Missverständnis. Trotz des holprigen Starts verstanden wir uns sehr gut, wobei ich glaube, dass Karl weniger von meiner Fotografie als eher von meiner Dynamik beeindruckt war.

Die endgültige Bildauswahl trafen wir am Leuchtpult in Karls Atelier in Hannover. Wieder hatte ich Gina dabei, die gerade in der Quengelphase war. Drei Tage dauerte die Bildauswahl, drei Tage, in denen ich Gina irgendwie beschäftigen musste, damit Karl und ich uns auf die Fotos konzentrieren konnten. Das gelang nur mit Bibi-Blocksberg-Kassetten, weshalb ich immer wieder zu einem Laden in der Nähe laufen musste, um für Nachschub zu sorgen und so Gina zu bändigen. Bis heute kommt jedes Mal, wenn Karl und ich uns treffen, der Moment, wo wir den Bibi-Blocksberg-Refrain summen.

Erst bei meinem siebten Buch fand ich für längere Zeit, genauer zwanzig Jahre, eine verlegerische Heimat. Bevor ich 1997 mit meiner damaligen Partnerin Katja Kreder aufbrach, um mit dem Motorrad von Kapstadt durch alle Wüsten Afrikas bis in die Westsahara zu fahren, nahm ich meinen ganzen Mut zusammen und sprach auf der Frankfurter Buchmesse Monika Thaler an. Sie hatte mit ihrem Mann Gert Frederking 1988 den Verlag Frederking & Thaler gegründet, der sich bald einen Namen für hochwertige Bildbände machte. Ich wusste, dass Verleger auf der Buchmesse

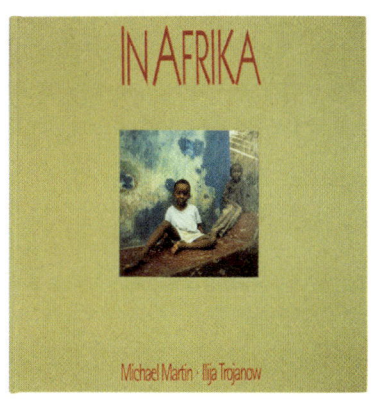

Mein zweiter Bildband *In Afrika* mit Musik und Vorwort von Peter Gabriel

einen eng getakteten Terminplan haben, der eigentlich kaum Zeit für unerwartete Gespräche lässt. Aber zu meiner Überraschung reagierte sie überaus freundlich. Ich präsentierte ihr ein luftiges Layout, das Kay Maeritz und ich entworfen hatten, und umriss in wenigen Worten mein neues Projekt. Es stellte sich heraus, dass sie und ihr Mann schon vor Jahren eine meiner Veranstaltungen im Deutschen Museum besucht hatten. Man könnte fast sagen, ich rannte offene Türen ein.

Für *Die Wüsten Afrikas* wollte ich eine besonders hohe Druckqualität und konnte Frau Thaler überzeugen, mit Dieter Kirchner zusammenzuarbeiten. Damals musste man für den Buchdruck noch die Dias scannen, und aus den Scan-Daten wurden CMYK-Druckdaten gerechnet. CMYK steht für die Farben Cyan, Magenta, Yellow und den Key genannten Schwarzanteil. Grob gesagt, werden mit einem CMYK-Farbmodell, das sich je nach Druckmaschine unterscheidet, die Farbbestandteile kombiniert. Das Ergebnis konnte mal besser, mal schlechter sein, da der übliche CMYK-Farbraum viele Farben, die von einer Kamera eingefangen werden, gar nicht darstellen kann.

Eines Tages war mir in einer Bibliothek ein Bildband über Marokko in die Finger gekommen, der eine extrem hohe Farbsättigung aufwies. Die Farben waren intensiv, ohne ins Bonbonfarbene zu kippen. Ich schaute im Impressum nach, wer für die Lithografie, also die Druckvorlagen, verantwortlich war. Ich nahm Kontakt mit der Firma auf, und stieß auf einen Mann, der mich tief beeindrucken sollte. Dieter Kirchner ist, was ich damals noch nicht wusste, einer der weltweit gefragtesten Lithografen. Auf ihn vertrauen beziehungsweise vertrauten so berühmte Fotografen wie Annie Leibovitz, Helmut Newton, Peter Lindbergh und Sebastião Salgado; denn er begreift die Lithografie als Teil des *gesamten* Druckvorgangs, und dazu gehört für ihn unter anderem auch die Verwendung des richtigen Papiers und der richtigen Druckfarben.

Er entwickelte ein eigenes Litho- und Druckverfahren, mit dem Farben gedruckt werden können, die in der üblichen CMYK-Farbskala nicht dargestellt werden können. Nebenbei: Bei Digitalkameras entfällt zwar das früher nötige Einscannen der Dias, aber da sie RGB-Daten (= Rot, Grün, Blau) speichern, muss für den Druck nach wie vor in CMYK umgerechnet werden, und bei der Umwandlung von RGB- in CMYK-Daten kann es zu falschen Interpretationen der Farben kommen.

Dieter Kirchner begleitet einen Druckprozess persönlich – bis zur letzten Stufe. Und da ich mir vor allem Letzteres nicht entgehen lassen wollte, machte ich mich, als *Die Wüsten Afrikas* gedruckt werden sollte, auf den Weg zur Druckerei nach Verona. Dummerweise ging mir fünfzig Kilometer vor dem Ziel das Motorrad kaputt. Nach einigen Versuchen, es wieder in Gang zu bringen, entschied ich mich schließlich, es am Straßenrand stehen zu lassen und nahm mir ein Taxi. Noch völlig übermüdet traf ich morgens um acht auf einen ausgeruhten Dieter Kirchner. Dieter sieht ein bisschen aus wie Karl Marx und ist mit einem gerüttelt Maß an natürlicher Autorität ausgestattet. Die Druckmaschine wollte nicht, wie sie sollte, und im Nu übernahm »il professore«, wie er in der Druckerei genannt wurde, das Kommando. Es dauerte zwei Tage, bis er herausfand, dass das Wischwasser der Druckmaschine das Problem war und die Maschine schließlich nach seinen Vorstellungen arbeitete.

Mit Lithograf und Hersteller in der Druckerei

Im Jahr 2004 interviewt mich Denis Scheck in der ägyptischen Sahara

*Die Wüsten Afrikas* wurde mein bis dahin schönstes Buch. Durch den größeren Farbraum kamen vor allem die warmen Rot- und Gelbtöne der Wüste hervorragend zur Geltung. Auch beim nächsten Buch, *Die Wüsten der Erde,* das 2004 erschien, war Dieter wieder mit im Boot. Da hieß das Druckverfahren Aniva, wie seine Tochter. Dieter Kirchner und seinem – beziehungsweise seinen – Verfahren bin ich bis heute treu geblieben.

Es lohnt sich also durchaus für einen Fotografen, nicht nur dem guten Licht hinterherzujagen und gute Bilder zu machen, sondern auch bei der Verwertung der Bilder auf Qualität zu achten. Dank hochwertiger Tintenstrahldrucker ist es heutzutage relativ einfach, wunderbare Prints in Fotoausstellungen zu präsentieren. Im Buchdruck ist diese Qualität schwer zu erreichen, und viele Bildbände, auch von tollen Fotografen, die wunderbare Ausstellungen machen, haben eine miserable Druckqualität. Der Kunde in der Buchhandlung sieht sehr wohl den Unterschied. Daher bin ich bereit, für Qualität zu kämpfen, meinem Verlag und dem Hersteller auf die Nerven zu gehen, dem Drucker in Italien einen Kasten Weißbier mitzubringen, um ihn zu motivieren, und zur Not auch ihm noch auf die Nerven zu gehen, wenn ich sage: »Das finde ich nicht gut genug. Machen wir das bitte noch mal.«

Es war Christoph Hofbauer, der mich gleich bei meinem ersten Buch in die richtige Fahrrinne brachte. Und dann hatte ich mit Frederking & Thaler einen Verlag, der bereit war, mit mir diesen Weg hoher Qualität zu gehen.

Monika Thaler und Gert Frederking waren »richtige« Verleger, die für ihre Autoren einstanden und mit Herzblut Bücher machten. Es vergingen sechs Jahre, bis 2004 mein nächstes Buch erschien, *Die Wüsten der Erde*, wieder bei Frederking & Thaler. Und es sollte den Erfolg von *Die Wüsten Afrikas*, das zeitgleich in fünf Sprachen erschien, noch toppen. Es war noch größer, noch schöner. Zugleich mit der deutschen Ausgabe kam *Die Wüsten der Erde* bei renommierten Verlagen in den USA, in England, Frankreich, Spanien, Italien und den Niederlanden heraus.

Gert Frederking und Monika Thaler lebten für Bücher, und ich war froh, dass ich das Vertrauen, das sie in mich gesetzt hatten, ein weiteres Mal rechtfertigen konnte. Eine Art Zenit war erreicht – denn die Hoch-Zeit der Bildbände ging allmählich ihrem Ende entgegen. Viele Menschen kauften Bildbände als Geschenk oder auch für sich selbst, um Bilder im Kontext und in guter Qualität betrachten zu können. Zwar hatten auch Magazine wie *GEO*, *National Geographic* oder *Stern* große Fotostrecken, aber ein Buch hatte einen höheren ideellen Wert. Es gab den schönen Begriff *Coffee Table Book*, Bildbände, die nicht nur zum Lesen und Anschauen dienten, sondern auch – in manchen Fällen sogar hauptsächlich – als Dekoration. Einen teuren Bildband auf dem Couchtisch liegen zu haben, zeugte von einem gewissen Prestige. Manche sammelten Bildbände wie Langspielplatten oder Briefmarken. Für mich ist es bis heute eine Freude, Bildbände zu besitzen, doch viele haben keinen Zugang mehr dazu, seit sich die Rezeption von Bildern ins Digitale verlagert hat. Trotzdem hat der Bildband bis heute einen Stellenwert, der durch einen Instagram-Post oder eine Website nicht erreicht werden kann, weil es ein haptisches Erlebnis ist, in einem Buch zu blättern.

Herr Frederking sah das Ende der großen Zeit der Bildbände kommen und hatte auch ein gewisses Alter erreicht, weshalb er und Monika Thaler den Verlag verkauften. Zwei Jahre später war

Frederking & Thaler nur noch ein Imprint unter vielen. Dennoch erschien auch mein nächstes Buch noch dort, weil für mich gute persönliche Kontakte wichtig sind und Ute Heek, meine langjährige Lektorin und Hauptansprechpartnerin, mit der ich bis heute gut befreundet bin, weiterhin dort arbeitete.

Das Buch *30 Jahre Abenteuer* war wie der gleichnamige Vortrag eine Art Reisebiografie und verband tagebuchähnliche und Sachtexte mit größtenteils großformatigen Bildern. Als mein nächstes großes Projekt, *Planet Wüste*, Gestalt annahm, hatte Ute Heek den Verlag verlassen; ich suchte also nach einer neuen Verlagsheimat und fand sie beim Knesebeck Verlag. Ich hatte das große Glück, nach dem Verlegerehepaar Gert Frederking und Monika Thaler mit Antonia Bürger erneut auf eine große Verlegerin zu treffen, die sich durch Enthusiasmus, Engagement und große Kompetenz auszeichnet. Sie verantwortete ein Buch in der Dimension von *Planet Wüste*, fast fünf Kilo schwer.

*Planet Wüste* wurde wieder in einem von Dieter Kirchners Verfahren gedruckt, wieder mit Dieter an der Maschine, diesmal in Passau. Wie schon bei den vorangegangenen beiden Büchern ließ ich es mir nicht nehmen, den gesamten Druckprozess zu begleiten. Und weil der Geschäftsführer der Druckerei, der Vertriebsleiter und der kurz vor dem Ruhestand stehende Betriebsleiter rund um die Uhr – die Druckerei arbeitete im Dreischichtbetrieb – für mich und mein Buch da waren, gab es so manche Nacht, in der vier unausgeschlafene Männer sich an der Maschine versammelten, um einen neuen Druckbogen optimal einzustellen, bevor sie sich wieder für ein paar Stunden schlafen legten. Ich hatte mein Klappbett in der Druckerei aufgestellt und ernährte mich mehr oder weniger aus einem Kaffeeautomaten.

Es war schon bei Erscheinen der deutschen Ausgabe 2015 klar, dass es Jahre dauern würde, bis es wieder einen derart opulenten Bildband geben würde. Denn für ein *Best of* fühlte ich mich zu

Glücklich blättere ich im Herbst 2015 durch die ersten Exemplare von *Planet Wüste*

jung, und außerdem war ich mit der Tournee zu *Planet Wüste* zu beschäftigt, um über Bücher nachzudenken.

Der erste Lockdown infolge der COVID-19-Pandemie setzte meiner Vortragstätigkeit im März 2020 ein abruptes Ende. In den folgenden Monaten wurde immer deutlicher, dass ich so bald nicht auf die Bühne würde zurückkehren können, dass ich auch die Vorträge zu meinem nächsten großen Projekt, *Terra*, mit dem ich im Herbst 2021 an den Start gehen wollte, nicht würde halten können. Daher traf ich die Entscheidung, die komplette, bereits gebuchte Tournee um ein Jahr zu verschieben. Auch das Buch und die Dokumentarfilme, die begleitend im Fernsehen ausgestrahlt werden sollten, wurden verschoben, die Arbeit am *Terra*-Buch ging aber weiter. Es ist ein langer Prozess und ich freue mich jetzt schon auf den Moment, in dem ich das erste, noch handgebundene Exemplar von *Terra* in die Hand nehmen kann.

# Spiegelreflexkameras – vierzig Jahre lang meine Wegbegleiter

Ich war nie ein Technikfreak und verfüge auch über kein handwerkliches Geschick. In dieser Beziehung komme ich ganz nach meinem Vater, der, obwohl Ingenieur, nicht einmal in der Lage war, einen Nagel gerade in die Wand zu schlagen, und jedes Mal den Nachbarn holte, wenn auch nur ein Dübel gesetzt werden musste. Ich erinnere mich noch, wie meine Eltern den Dachboden tapezieren wollten, was damit endete, dass sie heftig aneinandergerieten und sich gegenseitig mit nassen Tapeten bewarfen. Ein anderes Mal versuchte mein Vater eine Garderobe anzubringen. Als der erste Mantel aufgehängt wurde, krachte die Konstruktion zu Boden. Beide Male kam wieder der Nachbar zum Einsatz, Herr Schmidt. Wenn ich selbst zu Hammer oder Bohrer greifen wollte, hieß es immer: »Lass mal, wir holen den Herrn Schmidt.« Das war pädagogisch natürlich kontraproduktiv. Die Sternwarte auf unserem Garagendach, die Achim, mein Vater und ich ohne Herrn Schmidt bauten, war der beste Beweis für unser mangelndes Können. Nichts passte wirklich, überall fehlte es um Zentimeter, ganz nach dem Lieblingsspruch meines Vaters: »Sitzt, wackelt und hat Luft.«

Als ich mit achtzehn mein erstes Auto kaufte, einen Renault R4, befreite ich mich nach und nach vom hemmenden Einfluss meines Vaters und begann, an der rostigen Kiste herumzuschrauben. Mit den Jahren konnte ich meine Autos selbst reparieren. Ich tauschte Anlasser, sogar Motoren und Getriebe. Nicht, weil es mir

Spaß gemacht hätte, sondern schlicht, weil ich kein Geld hatte. Und auf meinen Reisen war ich oft dazu gezwungen, denn in den Weiten der Sahara gibt es natürlich nicht an jeder Ecke einen Automechaniker.

Als Fotograf und Vortragsreferent *musste* ich mich natürlich auf die Technik der Ausrüstung einlassen – jedenfalls ein bisschen. Grundsätzlich muss man bei Spiegelreflexkameras zwischen Gehäuse und Objektiv unterscheiden, die aber letztlich eine Einheit bilden. Ein Kameragehäuse ist ohne Objektiv nichts, und ein Objektiv ist ohne Kamera nichts. Dennoch investierte ich anfangs, als ich nur ein bestimmtes Budget zur Verfügung hätte, lieber in Objektive als in Gehäuse, denn mit einem einfachen analogen Gehäuse konnte man bereits gute Bilder bekommen. Den ganzen technischen Schickschnack, den die damals modernsten Kameras hatten, brauchte ich nicht.

Heute, in Zeiten der Digitalfotografie, ist die Bedeutung des Gehäuses insofern gewachsen, als eine einfache Kamera meist keinen hochwertigen Sensor hat. Und da der Sensor einen entscheidenden Einfluss auf die Bildqualität hat, nützen bei einem minderwertigen Gehäuse auch gute Objektive nicht viel.

Der große Vorteil der Spiegelreflex- im Vergleich zu den früher üblichen Sucherkameras war und ist, dass ich im Sucher genau sehe, was ich auf das Bild bekomme, egal, ob ich ein Normal-, Tele- oder Weitwinkelobjektiv aufgesetzt habe. Auch kann ich die Schärfentiefe beurteilen. Technisch gesehen werden die durch das Objektiv einfallenden Lichtstrahlen über einen Spiegel auf die Mattscheibe gelenkt, die ich durch die Sucheroptik vergrößert sehe. Wenn ich dann auslöse, klappt der Spiegel hoch, der Verschluss geht auf und das Licht fällt für den Zeitraum der Belichtung direkt auf den Film beziehungsweise bei Digitalkameras auf den Sensor.

Der Nachteil von Spiegelreflexkameras ist, dass das Hochklappen des Spiegels Geräusche und Vibrationen verursacht. Um Letztere vor allem bei Langzeitbelichtungen zu vermeiden, achtete ich in späteren Jahren darauf, dass meine Kameras eine sogenannte Spiegelvorauslösung besaßen. Damit konnte ich den Spiegel vor der Aufnahme manuell hochklappen, musste dafür aber in Kauf nehmen, dass ich durch den Sucher nichts mehr sah. Bei einer Spiegelreflex sieht man das Motiv im Augenblick der Auslösung grundsätzlich nicht. Bei heutigen Digital-Spiegelreflexkameras ist dieser Blackout allerdings so kurz, dass ihn nicht einmal routinierte Fotografen bemerken. Profikameras schaffen heute bis zu sechzehn Bilder pro Sekunde, trotz Spiegelschlag und mechanischem Verschluss.

Ein weiterer Nachteil der Spiegelreflexkameras war immer ihre klobige Bauweise, die enorme Dimensionen annehmen kann, wenn der Filmtransport durch einen Motor samt Batteriepack vollzogen wird oder wenn, wie bei professionellen Digital-Spiegelreflexkameras, ein großes Batteriepack oder ein Hochformatgriff angebaut ist.

Trotzdem war die Spiegelreflexkamera über viele Jahrzehnte *die* Konstruktion schlechthin, völlig egal, ob sie mit einem Film oder einem Sensor arbeitete. Spiegelreflexkameras gab es seit den sechziger Jahren in allen Preisklassen und technischen Ausstattungen, und ich lernte eine ganze Menge davon kennen. Wobei ich es immer wichtig fand, dass ich meine Kamera mochte. Einer Pianistin gesteht man ja auch zu, dass sie auf *ihrem* Flügel spielt, der zu diesem Zweck mit Speditionen aufwendig und teuer in die Konzertsäle der Welt transportiert wird. Und wie ein Violinist seine Stradivari wie seinen Augapfel hütet, so der Fotograf seine Kamera. Natürlich bin ich als Fotograf in erster Linie selbst für das Bildergebnis entscheidend, aber mit einer untauglichen Kamera, die umständlich zu bedienen ist, schlecht in der Hand liegt oder unscharfe Bilder produziert, kann und will ich nicht fotografieren. Wenn man andererseits einem völlig unkreativen Menschen eine Spitzenkamera in die Hand drückt, wird auch nichts Vernünftiges herauskommen. Letztlich ist es eine Symbiose zwischen der Kamera und dem Fotografen.

In dem emotionalen Verhältnis zwischen Fotograf und Kamera ging es auch immer um die Marke. Deren Spektrum war in analogen Zeiten mit dem auf dem Automarkt vergleichbar. Die DDR-Marke Praktica entsprach dem Lada, Minolta war der Opel, und Leica war eindeutig der Rolls Royce – jedenfalls preislich. Ich entschied mich zunächst für den Opel. Die Frage der Kameramarke war bereits in der Jugendgruppe der Astronomischen Vereinigung eine Glaubensfrage, so wie es in der Schule bei den Füllfederhaltern fundamentalistische Verfechter von entweder Geha oder Pelikan gab. Ich hatte immer einen Pelikanfüller, der zwar meine Schriftnote nie besser als eine Vier werden ließ, trotzdem empfand ich ihn als praktisch, sympathisch und zuverlässig. Diese Attribute verband ich auch mit Minolta, deren Kennzeichen ein blauer Punkt war. Auch mein Freund Achim hatte eine Minolta; unser Gruppenleiter hingegen fotografierte mit Nikon. Ich fand Nikon zwar damals schon ein bisschen cooler, aber Minolta war kostengünstiger und

Im Jahr 1986 fotografierte ich mit der Minolta 9000 erstmals mit Autofokus

Die manuelle Minolta SR-T 100X war meine erste Spiegelreflexkamera

bot eine gute Auswahl an Objektiven, und so bin ich Minolta viele Jahre treu geblieben.

Meine erste Spiegelreflexkamera dieser Marke war das Basismodell, die SR-T 100X. Sie war eine rein mechanische Kamera mit manueller Scharfeinstellung und manueller Belichtungsmessung, die von einer Knopfzellenbatterie Strom bekam. Hatte man in der Nachkriegszeit noch die exakte Belichtungszeit beziehungsweise Blende mit einem Handbelichtungsmesser ermittelt, maß die Minolta SR-T 100X die Belichtung bereits durch das Objektiv: TTL, Through The Lens. Ich sah im Sucher einen Zeiger und musste entweder die Belichtungszeit oder die Blende so einstellen, dass der zu bewegende Ring über dem Zeiger zu stehen kam. Das kostete zwar Zeit, war aber zuverlässig und hatte darüber hinaus den großen Vorteil, dass es mir sozusagen die Physik der Fotografie nahebrachte. Dreißig Jahre später kaufte ich meiner Tochter solch eine Kamera. Sie studierte damals Fotografie und hatte bereits einige Semester absolviert, aber immer noch nicht so recht verstanden, wie Belichtung funktioniert. Mit der alten Kamera ist es ihr schnell klar geworden.

Es sind drei Faktoren, die die auf den Film oder Sensor einfallende Lichtmenge ergeben: die Blendenöffnung im Objektiv (sozusagen der Lochdurchmesser), die Verschluss- beziehungsweise Belichtungszeit (die Zeit, wie lange Licht auf den Film oder Sensor fällt) sowie die vom Motiv reflektierte Lichtmenge (Helligkeit des Motivs). Man hat als Fotograf zwei Möglichkeiten, die richtige Lichtdosis einzustellen: Entweder wählt man die Belichtungszeit und passt die Blende entsprechend an – oder umgekehrt: Man wählt die Blende und passt die Belichtungszeit an. Das sind zwei kreativ völlig unterschiedliche Ansätze, und es ist dem Fotografen freigestellt, wie er sie kombiniert. Zumindest in einem bestimmten Rahmen. Will man nur ein bestimmtes Objekt im Bildausschnitt scharf dargestellt haben, wählt man eine weit offene Blende. So wird nur dieses eine Objekt scharf, während der Vorder- und der Hintergrund in Unschärfe verschwimmen. Wenn gleichzeitig auch Vorder- und Hintergrund scharf sein sollen, wenn man also eine hohe Schärfentiefe erreichen will, wählt man eine möglichst kleine Blendenöffnung. Dann verhält sich die Kamera quasi wie ein Mensch, der die Augen leicht zukneift, um besser zu sehen. Verwirrenderweise wird die Blendenöffnung mit größerer Blendenzahl immer kleiner: Bei 1,4 ctwa ist die Blende weit offen, bei 22 fast zu.

Meine erste Minolta hatte ein weiteres Feature, das in den siebziger Jahren nicht selbstverständlich war: die sogenannte Offenblendenmessung. Man sah das Sucherbild, das über den Spiegel durch das Objektiv zustande kam, bei offener Blende. Das heißt, der Sucher blieb hell. Andere Kameras maßen die Belichtung noch mit der »Arbeitsblende«. Wenn man Blende 16 wählte, wurde das Sucherbild dunkel, und man stand vor der Herausforderung, es trotzdem scharf zu stellen. Um die Wirkung der Blende auf die Schärfentiefe zu überprüfen, gab es bei der SR-T 100X einen Abblendeknopf, der die Blende während des Drückens zuschnappen ließ. Meine erste Kamera bot auch schon im Zentrum der Mattscheibe, auf der sich das Sucherbild abbildete, ein Mikroprismenfeld. Damit ließen sich die Objektive exakter scharf stellen. In der

Werbung für die Kamera durfte auch der stolze Hinweis auf den Mittenkontakt im Blitzschuh nicht fehlen, in den ein Elektronenblitz geschoben werden konnte. Kabellos sorgte der Mittenkontakt für eine Synchronisation zwischen Öffnen des Kameraverschlusses und Blitz. Da es ein langsam und noch dazu horizontal ablaufender Schlitzverschluss war, lag die kürzest mögliche Synchronisationszeit noch bei 1/60 Sekunde.

Auch wenn ich heute hochentwickelte digitale Kameras habe, profitiere ich noch immer davon, dass ich durch die SR-T 100X die Grundzüge der Fotografie autodidaktisch lernen konnte. Sie sollte bis zum Jahr 1984 meine einzige Kamera bleiben. Dann war klar, dass ich eine zweite Kamera brauchte, zum einen, um auf meinen Reisen im Fall eines Defekts einen Ersatz zu haben, zum anderen, um mit verschiedenen Filmen fotografieren zu können. Dazu später mehr. Außerdem interessierte mich ein neues Feature: die Zeitautomatik.

Mein Budget war knapp, und da ich es wie erwähnt sinnvoller fand, in Objektive statt in teure Gehäuse zu investieren, fiel meine Wahl auf das Minolta-Modell X-300. Auch sie war eine manuell zu fokussierende Kamera und brauchte eine Batterie für den Belichtungsmesser und zusätzlich für den elektronischen Verschluss. Auf einmal standen auf meinem Belichtungsrad nicht nur die Zahlen 1000, 500, 250, 125, 60, 30, 15, 8, 4, 2, 1 für die Bruchteile von Sekunden, sondern auch ein A für Automatik. Ich musste also nur noch die Blende vorgeben – 16, 11, 8, 5,6, 4 oder 2 –, und die Kamera wählte automatisch die Belichtungszeit. Das sparte Zeit und machte das Fotografieren deutlich schneller, ohne das Grundprinzip der Kamera zu verändern. Und die Zeitautomatik war relativ zuverlässig. Über eine Plus-/Minus-Einstellung konnte man die Belichtungszeit aber auch noch beeinflussen, also über- oder unterbelichten. Die exakte Belichtung blieb immer ein Thema, solange ich mit Diafilmen fotografierte.

Es gab damals schon Kameras, die sowohl Zeit- als auch Blendenautomatik hatten, sodass man alternativ mit der Blendenautomatik die Zeit vorwählen konnte, zum Beispiel die Minolta XD-7, aber die war mir zu teuer. Es gab bald auch Spiegelreflexkameras mit Autofokus (AF), verbunden mit dem Versprechen, dass ein Autofokus schneller und exakter scharf stellt als das menschliche Auge. Für mich waren sie unerschwinglich. Der Wunsch nach einer solchen Kamera wurde aber immer stärker, und so schickte ich im Jahr 1986 einen Brief an die Marketingabteilung der deutschen Minolta-Niederlassung. Ich schilderte, welch großen Erfolg ich mit meinem Vortrag *Sahara* gehabt hatte, in dem ich von meinen Reisen durch die Wüste bis nach Schwarzafrika berichtete, und fragte, ob Minolta mich sponsern würde. Solche Briefe bekommt eine Kamerafirma wäschekörbeweise, weshalb ich mir keine große Hoffnung machte. Umso überraschter war ich, als ich Antwort bekam: Minolta stellte mir das Autofokusmodell 9000 zur Verfügung, dazu ein lichtstarkes 200 mm 2,8 Teleobjektiv und ein Weitwinkelobjektiv. Ich war ganz aus dem Häuschen. Nicht nur, dass Minolta mich mit dem Topmodell sponserte – man legte auch noch ungefragt zwei Objektive in den Korb. Für mich war das auch eine Anerkennung meiner Arbeit. Und es war endgültig der Schritt in die Berufsfotografie. An die Kamera musste ich mich allerdings erst gewöhnen. Sie war als Profikamera ausgelegt und sollte der legendären Nikon F3 Konkurrenz machen. Sie ist bis heute die einzige Kamera mit Autofokus und gleichzeitig manuellem Filmtransport sowie manueller Filmrückspulung.

Die ersten Generationen von Autofokus-Kameras machten häufig mehrfach ein typisches und nerviges Geräusch – *ssst, ssst* –, weil sie nicht auf Anhieb die schärfste Einstellung fanden. War es zu dunkel, hatte das Motiv zu wenig Kontrast, oder bewegte sich das Motiv zu schnell, war der Autofokus oft überfordert oder schlicht zu langsam. Die ersten AF-Kameras hatten das Messfeld zudem ausschließlich in der Mitte, was dazu führte, dass ich mein Hauptmotiv ebenfalls immer in die Mitte stellte. Natürlich hätte ich es fokussieren und im Sucher an seine vorgesehene Position stellen können, aber daran musste ich mich erst gewöhnen. Davon abgesehen war die Minolta 9000 relativ robust.

Mit dem nächsten Modell, das Minolta mir zur Verfügung stellte, wurde ich nicht warm. Die Dynax 7000i – das i steht für *intelligence*, genauer: für ein intelligentes Autofokussystem – war für mein Empfinden ein Schritt in die falsche Richtung. Sie war noch elektronischer, hatte nicht nur Zeit- und Blendenautomatik, sondern auch verschiedene Belichtungsprogramme, die ich gar nicht brauchte, und einen vollautomatischen Filmtransport. Dass ich den Film nicht mehr von Hand weitertransportieren konnte, wäre nicht weiter schlimm gewesen, der Knackpunkt war vielmehr, dass die Rückspulung nur funktionierte, wenn die Rückwand der Kamera geschlossen war. Eigentlich eine sinnvolle Sicherheitsmaßnahme, dazu gedacht, leichtsinnige Fotografen vor der Zerstörung ihres Films zu bewahren. Für mich war dies leider hinderlich, weil ich den Trick mit dem Dunkelsack nicht mehr anwenden konnte.

Damit hatte es folgende Bewandtnis. Während die Kameragehäuse durch den Sand der Sahara – damals mein Hauptreisegebiet – keinen nennenswerten Schaden nahmen, lag die Sache bei den Filmen anders. Immer wieder hatte ich einen Kratzer auf einem Dia, fand zum Glück jedoch schnell heraus, dass er von einem Sandkorn stammte, das sich beim Einlegen des Films zwischen Film und Rückplatte gelegt hatte. Noch schlimmer war, wenn sich ein Sandkorn beim Zurückspulen des Films einschmuggelte, denn dann zog sich der Ritz unter Umständen über alle sechsunddreißig Bilder. Kratzer konnte ich natürlich überhaupt nicht gebrauchen, denn wenn man Dias auf eine große Leinwand projizierte, wurde aus der hauchfeinen Beschädigung eine dicke, große Schramme. Die Lösung für dieses Problem lag nahe: den Film bei *geöffneter* Kamera zurückspulen. Das musste natürlich in absoluter Dunkelheit geschehen, sonst wären die Aufnahmen ruiniert. Und so hatte ich bald immer eine mobile Dunkelkammer dabei, einen sogenannten Dunkel- oder Wechselsack. Das ist eine lichtundurchlässige Stoffhülle mit einer großen Öffnung mit Reißverschluss auf der einen Seite, durch die man die Kamera hineinlegen kann, und mit zwei kleinen Öffnungen mit Gummizug auf der anderen Seite, durch die man die Hände in den Sack stecken kann.

Irgendwann kam ich auf eine Idee, wie ich die Dynax 7000i austricksen konnte: Ich musste neben der Kamera und meinen beiden wirklich großen Händen auch noch ein Taschenmesser in den Sack stopfen, mit dem ich nach dem Öffnen der Kamerarückwand das Schloss einschnappen ließ, sodass die Kamera dachte, die Klappe sei geschlossen, und den Film elektrisch zurückspulte, ohne dass ein etwaiges Sandkorn seine Spuren hinterlassen konnte. Heute weiß ich, dass der Film auf der der Kamerarückwand zugewandten Seite unempfindlich ist, und habe meine Zweifel, ob sich der ganze Aufwand des Rückspulens im Dunkelsack gelohnt hat.

Allerdings musste ich feststellen, dass der Autofokus der Dynax, wie auch der älteren 9000, Sand- oder Staubkörnchen nicht gut vertrug. Da der Autofokusmotor im Gehäuse saß und über ein recht offenliegendes Getriebe die Schärfe am Objektiv einstellte, konnte leicht Schmutz hineingeraten. Dann hatte man wortwörtlich Sand im Getriebe. Und so hatte ich jetzt zwar eine moderne, aber mechanisch eher empfindliche Kamera.

Es war um 1994, dass ich mit der optischen Qualität meiner Bilder nicht mehr zufrieden war. Wenn ich die Bilder auf die sechs Meter breite Leinwand projizierte, sah ich jede Verzeichnung, jede Unschärfe. Ich benutzte nun zunehmend Zoomobjektive, die damals optisch noch nicht sonderlich gut waren – und stellte fest, dass die Kollegen, die mit einer Leica fotografierten und vielleicht auch noch mit Leica projizierten, schärfere Bilder hatten als ich.

Leica – ein Mischwort aus Leitz und Camera – ist bis heute eine Premiummarke. Der gute Ruf des Unternehmens gründet sich vor allem auf die optische und mechanische Qualität der Objektive, die bis heute das Maß aller Dinge in der Fotografie darstellt. Und diese hohe Qualität hatte ihren Preis. Mir kam es manchmal so vor, als ob die Leica-Klientel hauptsächlich aus Zahnärzten und Studiendirektoren bestand. Andererseits wusste ich um die Bedeutung der Marke in der Kulturgeschichte der Fotografie und sah, wieviel man bei Leica für die »Hausfotografen« tat, von Ausstellungen über hochwertige Magazine bis hin zur Vortragsmarke Leicavision, einem Prädikat, das bis in das erste Jahrzehnt des einundzwanzigsten Jahrhunderts hinein eine hohe Bedeutung in der Vortragsszene hatte.

Mein erster Kontakt zu Leica lief über die Niederlassung in München. Ihr Leiter hatte 1993 meinen Vortrag *Transafrika* gesehen, den ich mit Minolta – der 9000 und der Dynax 7000i – fotografiert hatte. Er kam nach der Vorstellung zu mir und sagte, dass ihn mein Vortragsstil begeistere, aber Leica-Kameras den Rest besser könnten – und drückte mir seine Visitenkarte in die Hand. 1994 nahm ich Kontakt zu ihm auf, und er machte mir ein unwiderstehliches Sponsoring-Angebot: zwei Leica R7, ein Normalobjektiv, ein 1:2,8/19 mm, ein 1:2,8/28 mm, ein 1:1,4/80 mm, ein 1:2,8/180 mm, ein 1:4,0/280 mm sowie einen 1,4x-Konverter. Das Ganze hatte einen Wert von 40 000 Mark. Selbst wenn ich so viel Geld gehabt hätte – ich hätte es nicht investiert. Nun aber hatte ich eine Traumausrüstung – und machte in Sachen Schärfe und optischer Qualität einen Quantensprung. Auf einmal bekam ich messerscharfe, unglaublich kontrastreiche Bilder mit wunderbaren Farben.

Die Kameras selbst jedoch waren ein Rückschritt in die achtziger Jahre: vom Autofokus zurück zur manuellen Scharfeinstellung. Nur Verschluss und Belichtungsmessung wurden über eine Batterie gesteuert. Manuell fokussierbare Kameras zu bauen war die

Meine Leica-Ausrüstung im Jahr 1994

erklärte Philosophie von Leica, denn die gewisse Wackeligkeit, die damalige Autofokusobjektive hatten, passte nicht zum extrem hohen Präzisionsanspruch des Traditionsherstellers. Ohne Autofokus wurde das Fotografieren wieder langsamer, aber auch bewusster. Es wurde ruhiger, entspannter, weil das störende *Ssst, ssst* wegfiel, das mich selbst genervt, vor allem aber die Menschen, die ich fotografieren wollte, irritiert hatte. Die Arbeit mit der Leica war beinahe sinnlich, nicht nur wegen der Stille und der Langsamkeit; es war auch schön, Stahl statt Plastik in den Händen zu halten und beim Auslösen ein sattes *Klack* zu hören.

Bald war ich auch Teil des Leicavision-Teams, das von dem engagierten Leica-Mitarbeiter Bernd Henrichs geführt wurde, und bekam hochwertige Leica-Diaprojektoren gesponsert.

Ich hatte nun also die schärfsten Kamera- und Projektionsobjektive, die es gab, und dennoch wollte ich die Qualität weiter steigern. Und das ging nur durch eine Vergrößerung des Bildformats. Deshalb schaffte ich mir eine Mamiya 7 an; das ist eine einfach konstruierte

193

und leichte Sucherkamera, die Rollfilme belichtet. Ihre Bilder mussten nicht so stark vergrößert werden, weil ja das Ausgangsformat schon deutlich größer war. Dadurch erhielt ich wirklich eine *wesentlich* höhere Qualität. Hinzu kam ein Satz herausragender Objektive. In besonderer Erinnerung ist mir das 43-mm-Objektiv geblieben; das entspricht bei einer Kleinbildkamera einer 21-mm-Brennweite, ist also ein extremes Weitwinkel. Und da die Mamiya 7 nun mal eine Sucherkamera war, konnte dieses Objektiv ganz nah am Film sein, es ragte sogar mit der Hinterlinse ins Bajonett hinein. Das bedeutete: extreme Schärfe und wenig Verzeichnung.

Was die Bildqualität anbelangte, hatte ich mit der Kombination aus Leica-Kameras und Leica-Objektiven und der Mamiya 7 jetzt tatsächlich das Optimum erreicht. Dennoch blieb ein Manko: der fehlende Autofokus bei beiden Systemen. So sehr ich das langsamere und *ssst-ssst*-lose Fotografieren in vielen Situationen genoss, so sehr vermisste ich den Autofokus bei Motiven, die sich bewegten.

Ich brauchte also zusätzlich eine schnelle AF-Kamera. Minolta war inzwischen fast vom Markt verschwunden. Viele Hobby- und

Mit der Leica R7 auf dem Berg Sinai in Ägypten

Profifotografen setzten auf Canon, aber ich konnte mich mit dieser Marke nicht anfreunden. Mir lagen weder die runden Formen des Produktdesigns noch die Art der Bedienung. Die Entscheidung für Nikon war allerdings auch nicht unbedingt rational begründet. Dass ich die Marke cool fand, hing mit einer alten Werbeanzeige und einem Kinofilm zusammen. Die Anzeige zeigte die durch langen Gebrauch abgenutzte Nikon F2 von Harald Schmitt, daneben eine Auflistung von Ländern und die Anzahl der Reportagereisen dorthin, die der große *Stern*-Fotograf mit der F2 im Gepäck unternommen hatte: »3x Vietnam ... 2x Nordirland ... 4x Rumänien« – und dann der entscheidende Satz: »1x in Reparatur«. Vor wenigen Jahren lernte ich Harald Schmitt kennen, und wir wurden Freunde.

Die Nikon-Kameras hatten in Profikreisen den Ruf, dass man damit Nägel in die Wand schlagen konnte. Verbürgt ist eine Nikon, die während des Vietnamkriegs in den Mekong fiel und nach dem Trocknen in einem Backofen wieder einwandfrei funktionierte. So eine Kamera brauchte ich! Und da war noch der Kinofilm *Under Fire*: Nick Nolte in der Hauptrolle als Fotojournalist setzt zunächst im Tschad und dann in Nicaragua seine Nikon unter Lebensgefahr ein und macht mit ihr ikonenhafte Bilder. Zu diesen emotionalen Aspekten kam die unbestrittene Qualität der Nikon-Produkte. Und so erfüllte es mich mit Stolz, als mich Nikon ein paar Jahre später zum ersten deutschen Nikon Ambassador ernannte.

Als Erstes legte ich mir das damalige Topmodell zu, die Nikon F5, dazu zwei Zoom-»Nikkore«, wie Nikon seine Objektive nennt. Die F5 hatte ein extrem widerstandsfähiges Gehäuse und vor allem den besten Autofokus, der damals auf dem Markt war.

Nun war ich also mit drei Kamerasystemen unterwegs: dem Leica-System mit seinen vielen schweren Festbrennweiten, dem Nikon-System mit zwei Zoomobjektiven und der Mamiya 7 mit

Mit der Leica 8 frühmorgens in den Anden Boliviens

drei Objektiven. Bei bewegten Motiven arbeitete ich mit der Nikon, bei Porträts und Landschaftsbildern mit der Leica oder der Mamiya. Dadurch verdreifachte sich das Gewicht meiner Ausrüstung, aber das nahm ich gern in Kauf.

# Meine analogen Objektive

Meine Minolta SR-T 100X hatte ich zusammen mit einem Normalobjektiv gekauft, das beim Kleinbildformat eine Brennweite von 50 mm hat. Damit bekommt man eine nicht übertriebene, realitätsgetreue Abbildung des Motivs. Normalobjektive waren relativ billig in der Herstellung, sodass die Kamerahersteller ein Normalobjektiv zur Kamera dazugeben konnten.

Ich wusste damals noch nicht, dass ein solches Objektiv im Alltag eines Profifotografen kaum zum Einsatz kommt. Nicht einmal in der Astrofotografie konnte ich damit viel anfangen, weil mein Exemplar eine Lichtstärke von nur 2,0 hatte. Das bedeutet, dass der maximale Durchmesser der Blende nur halb so groß ist wie die Brennweite. Meine Freunde von der Jugendgruppe konnten dagegen die magische Zahl 1,4 aufbieten; ihre Frontlinse und Blende waren demnach größer. Oder anders ausgedrückt: Sie konnten die Blende um einen ganzen Blendenwert weiter öffnen. Die am Nachthimmel in einem bestimmten Zeitintervall eingesammelte Lichtmenge war demnach doppelt so groß. Oder man bekam dieselbe Lichtmenge bei halber Belichtungszeit auf den Film, wodurch sich durch die Erdrotation entstehende Sternspuren besser vermeiden ließen.

Bald wollte ich die Objekte am Himmel näher heranholen; daher brauchte ich ein lichtstarkes Teleobjektiv. In Zahlen ausgedrückt: ein 135-mm-Tele mit Lichtstärke 2,0. Die damit immerhin fast sieben Zentimeter große Frontlinse würde viel Licht von fernen Sternen und Gasnebeln einsammeln. Die Frage war: Leiste ich mir ein Originalobjektiv von Minolta, oder kaufe ich mir eine

Teleobjektive raffen die Perspektive und haben wenig Schärfentiefe

Fremdmarke? Ein Blick in meine Sparbüchse sprach für sich: Ich entschied mich für ein Tele von Soligor.

Lichtstarke Objektive waren auch aus einem anderen Grund gefragt. Im analogen Zeitalter hatten die gängigen Diafilme oft nur eine geringe Lichtempfindlichkeit: 64 ASA oder gar nur 25 ASA stand auf den Packungen. Wer in Tagesrandzeiten fotografieren wollte, brauchte daher Blendenwerte von 2,0 und besser. Heute können lichtempfindliche Sensoren das geringere Lichtsammelvermögen lichtschwacher Objektive ausgleichen. Eine hohe Lichtstärke des Objektivs hat noch aus einem weiteren Grund eine enorme Bedeutung für die Bildwirkung. Den allerdings kannte ich damals noch nicht … .

Das dritte Objektiv in meinem noch jungen Fotografenleben – ich war vierzehn – war ein Weitwinkel von Tokina. Es hatte eine Brennweite von 24 mm bei einer Lichtstärke von 2,8. Der Bildwinkel von 84 Grad machte es möglich, große Teile der Milchstraße oder ganze Bergpanoramen aufzunehmen.

Weitwinkelobjektive haben einen großen Bildwinkel und große Schärfentiefe

Der Nachteil eines Weitwinkelobjektivs ist, dass die Dinge weit wegrücken, wodurch sie klein werden. Gleichzeitig hat man einen großen Vordergrund, über dessen Gestaltung man sich Gedanken machen muss. Ich merkte bald, dass ich mich den Objekten mit dem Weitwinkel nicht zu sehr nähern durfte, wollte ich unschöne Verzerrungen vermeiden. Oft machten sich Achim und ich aber auch einen Spaß daraus, damit Freunden lange Nasen oder übergroße Ohren zu verpassen. Jedenfalls hatte ich mit vierzehn Jahren bereits drei Objektive und eine Spiegelreflexkamera in meinem Alukoffer, der zwar äußerst sperrig war, aber meine Ausrüstung schützte.

Im Lauf der drei Jahrzehnte, in denen ich mit analogen Spiegelreflexkameras fotografierte, kamen noch viele Objektive hinzu. Zu den klassischen Festbrennweiten gesellten sich Spezialobjektive wie Makros, und ich ersetzte nach und nach Fremdmarken durch Originale und ältere Modelle durch immer lichtstärkere Objektive. Bald kannte ich jedes Objektiv genau, wusste um seine Wirkung und griff in der Regel zum Richtigen.

Gute Objektive garantieren eine optisch attraktive Unschärfe

Als ich mir die Nikon F5 anschaffte, um ihren schnellen Autofokus nutzen zu können, stattete ich sie mit zwei Originalobjektiven aus: einem 24–70 mm Weitwinkelzoom und einem 70–200 mm Telezoom. Zoomobjektive haben den Vorteil, dass der Ausschnitt einfach verändert werden kann, ohne den Standpunkt wechseln zu müssen. Ich bin als Fotograf also schneller und trage weniger Gewicht mit mir herum. Der Nachteil: eine geringere optische Qualität und eine geringere Lichtstärke als bei Festbrennweiten. Bis heute kommen meine lichtstärksten Zoomobjektive nicht über eine Lichtstärke von 2,8 hinaus, meine lichtstärksten Festbrennweiten haben dagegen 1,4.

Dieser Unterschied von 2,8 auf 2,0 und von 2,0 auf 1,4 entspricht immerhin zwei Blenden, das heißt, die bei wenig Licht notwendige lange Belichtungszeit verkürzte sich um zwei Stufen. Als es noch keine Verwacklungsstabilisierung gab, konnte dies über ein verwackeltes oder scharfes Bild entscheiden. Es galt in analogen Zeiten immer die Rechnung, dass der Reziprokwert der Brennweite die längstmögliche, verwacklungsfreie Belichtungszeit anzeigt. Einfacher ausgedrückt: Ein 50-mm-Normalobjektiv erforderte eine Belichtungszeit von 1/50 Sekunde oder kürzer. Bei einem 200-mm-Teleobjektiv wäre es schon 1/200 Sekunde oder kürzer. Deswegen schätzte ich schon immer lichtstarke Objektive.

Eine weit zu öffnende Blende, also eine kleine Blendenzahl, ist aber nicht nur wegen des Lichtsammelvermögens des Objektivs entscheidend, sondern ebenso wegen ihrer Auswirkung auf die Schärfentiefe. Unscharf ist nämlich nicht gleich unscharf; es geht darum, eine optisch attraktive Unschärfe zu erzielen. Fotografen sprechen vom Bokeh – das ist ein Wort aus dem Japanischen und bedeutet unscharf beziehungsweise verschwommen. Ein erklärtes Ziel der Optikkonstrukteure ist es, eine cremig-weiche Unschärfe zu erreichen ohne harsche Strukturen.

Letztlich ist eine Fotoausrüstung *immer* einer gewissen Evolution unterworfen. Man kauft sich ein Objektiv dazu, lässt ein anderes dafür zu Hause, kauft wieder ein neues, verkauft ein anderes. Nur ihre Kameramarke wechseln Berufsfotografen eher selten, da die zahlreichen Objektive teuer sind und komplett ersetzt werden müssten.

# Filme – Treibstoff für die Kameras

Die Wahl des Films spielt eine große Rolle sowohl für die Wirkung als auch für die Gestaltung der Bilder. Da ist zum einen die Wahl zwischen Schwarz-Weiß- und Farbfilm, wobei ich für meine Arbeit nie einen großen Sinn darin sah, schwarz-weiß zu fotografieren, wo die Welt doch farbig ist und Farbfilme die Wirklichkeit einfach realistischer abbilden. Innerhalb des Farbfilms gibt es ebenfalls zwei Kategorien: Negativ- und (Dia-)Positivfilm. Negativfilme produzieren, wie der Name schon sagt, Negative, von denen Papierabzüge angefertigt werden. Ihr großer Vorteil ist, dass sie belichtungstoleranter als Diafilme sind, weil man bei der Bildherstellung Fehlbelichtungen ausgleichen kann. Außerdem konnten sie mit Kontrasten besser umgehen und waren billiger – allerdings kamen später die Kosten für die Papierabzüge dazu. Ich brauchte aber Dias, weil ich projizieren wollte; außerdem ist die Brillanz von Diafilmen deutlich besser als von Negativfilmen.

Ferner unterscheiden sich Filme in ihrer Lichtempfindlichkeit, die zunächst in DIN und später in ISO ausgedrückt wurde. Sie stellt neben Belichtungszeit und Blende einen weiteren physikalischen Faktor dar, der zu einer korrekten Belichtung führt. ISO 100/21° etwa steht für 100 ASA (die amerikanische, in meiner Jugend geläufige Norm) beziehungsweise 21 DIN. Die lichtempfindlichsten Filme meiner Jugend hatten 6400 ASA. Wir setzten sie in der Astrofotografie ein, mussten das aber immer mit einem groben Korn bezahlen. Bei Landschaftsaufnahmen konnte das grobe Korn hochempfindlicher Filme durchaus ein Stilmittel sein und gut aussehen.

Hochempfindliche Diafilme haben ein grobes Korn

Durch die Jugendgruppe war ich zunächst auf die Filme Koda-
chrome K 64 und K 25 gepolt, die in einem speziellen Verfahren
entwickelt werden mussten, das nur von Kodak durchgeführt wurde. Das bedeutete, dass man die Filme zu Kodak schicken musste und zwei Wochen lang nur hoffen konnte, dass sie unterwegs
nicht verloren gingen. Alternativ gab es, ebenfalls von Kodak, die
Ektachrome-Filme. Sie boten den großen Vorteil, dass sie in stan-
dardisierten Farbentwicklungsprozessen von örtlichen Fotolaboren
entwickelt werden konnten, die es damals noch zu Hunderten im
deutschsprachigen Raum gab. Man lieferte den Film dort ab und
konnte die Dias – die allerdings weniger scharf und auch grob-
körniger waren als die Bilder eines Kodachrome-Films – ein paar
Stunden später in Händen halten.

Die meisten Kleinbildfilme hatten offiziell 36 Bilder. Manchmal
bekam man 37 heraus, und wenn man ganz sportlich war, sogar 38
oder 39. Aber irgendwann war der Film zu Ende. Wenn man ihn
mit Gewalt weitertransportierte, gab es einen Filmriss. Vernünftiger-

weise drückte man also den Rückspulknopf, der an der Unterseite der Kamera angebracht war, ein haptischer, fast sinnlicher Vorgang. Dabei achtete ich immer darauf, dass der Film nicht komplett in die Patrone hineinwanderte, denn ich hatte gehört, dass dann Licht in den entstehenden Schlitz einfallen könnte.

Ich habe viel mit Kodachrome- und Ektachrome-Filmen experimentiert, dabei fiel mir jedoch immer wieder auf, dass die warmen, intensiven Farben, wie ich sie oft in der Natur erlebte, auf meinen Bildern nicht adäquat wiedergegeben wurden. Als in den achtziger Jahren Fuji seinen ersten Diafilm auf den deutschen Markt brachte, wurde ich schnell ein Fuji-Fan. Der Fuji R100 war mit 100 ASA nicht nur lichtempfindlicher als die von mir bis dahin verwendeten Filme von Kodak mit ihren 25 oder 64 ASA. Er war auch gutmütiger in der Belichtung; das heißt, er musste nicht so genau belichtet werden, vor allem aber hatte er kräftigere Farben. Die Kodak-Fraktion, meist ältere Herren, die ihrer angestammten Marke die Treue hielten, sagten über die Bilder despektierlich: »Das sind Fuji-Farben.« Ich jedoch fand die Farben ausgesprochen schön. Ein blauer Himmel war wirklich blau, und das Grün – das man bald »Fuji-Grün« nannte – war satt. Nicht umsonst war auch die Packung leuchtend grün.

Der Fuji R100 war sogar billiger als ein Kodak-Film, was für mich als Student ein weiteres Argument darstellte. Außerdem gab es in jeder Packung einen sogenannten Entwicklungsbeutel. Wenn man den Film darin zu Fuji schickte, wurde er kostenlos entwickelt.

Sobald die Dias endlich da waren, beugte ich mich zu Hause über mein Leuchtpult, das ich mir selbst gebaut hatte, und suchte mit der Lupe die besten Bilder heraus. Da ich aus Kostengründen sehr selektiv fotografierte, war der Ausschuss relativ gering: etwa die Hälfte der Bilder.

In den achtziger Jahren fotografierte ich mit Fuji R100 oder RD100, aber auch mit Kodak Ektachrome, weil mir die Filme ge-

Auf meinen Reisen führte ich bis zu 200 Filmrollen mit mir

sponsert wurden. Diese Mischung war tödlich! Das ging damit los, dass die Filme verschieden dick waren und im Projektor verschiedene Scharfeinstellungen erforderten, und endete damit, dass sie eine unterschiedliche Farbanmutung hatten.

Dann kam 1990 der legendäre Fuji Velvia 50 auf den Markt. Er hatte nicht mal die 50 ASA, die auf der Packung standen, sondern faktisch nur 40 oder 32, war also ein sehr niedrig empfindlicher Film. Er hatte ein extrem feines Korn und ein für mein Auge besonders schönes Farbverhalten. Der Velvia war nie ein Massenmarktfilm und demnach teuer. Außerdem verzieh er keine Fehlbelichtung, hatte Probleme mit hohen Kontrasten und ließ weiße Wolken leicht rosa erscheinen. Ich dachte mir immer, der Velvia ist wie ein Ferrari: Du musst richtig dosiert Gas geben, also exakt belichten, dann bleibst du in der Kurve und hast ein optimales Ergebnis. Ich liebte diesen Film. Denn mit ihm fand ich die warmen kräftigen Töne, die ich draußen in der Natur, vor allem in den Wüsten, in den Abend- und Morgenstunden erlebte, endlich auf meinen Bildern wieder. Mit dem Velvia machte meine Fotografie einen Riesensprung nach vorn, und die Bilder hoben meinen nächsten Vortrag, *Nil – Abenteuer und Mythos Afrika,* auf ein völlig neues Niveau.

Nicht nur ich liebte den Fuji Velvia. Er prägte praktisch eine ganze Epoche. Manche Landschaftsfotografen arbeiten bis heute

Der Diafilm Fuji Velvia sorgt für warme, intensive Farben

mit ihm, weil sie auf sein Farbverhalten schwören. Für manche heutigen Bildbearbeitungsprogramme gibt es sogar Plug-ins, mit denen man ihn nachahmen kann. Irgendwann kam das Gerücht auf, der Velvia könnte eingestellt werden, da mit der aufkommenden Digitalfotografie der Markt für den Film immer kleiner wurde und die Verkaufszahlen entsprechend zurückgingen. Wir Fotografen horteten, legten uns einen Velvia-Vorrat an. Ich kaufte 400 Stück und fror sie ein. Wenn man Filme in der Tiefkühltruhe lagert, kann man sie noch viele Jahre nach dem Verfallsdatum verwenden, denn dieses bezieht sich auf Lagerung bei Raumtemperatur. Doch letztlich ging ich schneller zur digitalen Fotografie über als gedacht, sodass ich meine Velvias gar nicht mehr zu Ende benutzen konnte und den Rest verkaufte.

Die Welt der Diafilme hielt für uns Fotografen eine ganze Reihe an Schwierigkeiten und Gefahren bereit. Während die Kameragehäuse auch bei meinen extremsten Saharareisen keinen nennenswerten Schaden nahmen, lag die Sache bei den Filmen anders. Neben den Kratzern im Film lauerten noch weitere Risiken. Zum Beispiel hatte ich meine Filme immer bei mir, ob nachts im Schlafsack oder beim Besuch eines Restaurants, damit sie mir um Himmels willen nicht gestohlen wurden. Bei der ersten größeren Reise hatte ich aus Kostengründen nur dreißig Filme dabei. Als mit der Zeit meine finanziellen Mittel und auch meine Ansprüche stiegen, ich vor allem wusste, dass es sich durchaus lohnen konnte, ein- und dasselbe Motiv mit drei, vier unterschiedlichen Belich-

206

tungen festzuhalten, schleppte ich bei längeren Reisen schon mal 200 Filme mit mir herum. Um Platz zu sparen, holte ich sie aus ihren Plastikdöschen und stopfte die blanken Patronen in einen Thermobeutel.

Damit sind wir bei einer weiteren Gefahr: Hitze. Ein Thermobeutel bot nicht ausreichend Schutz gegen große Hitze, weshalb ich oft zusätzlich eine Methode anwendete, die ich in der Sahara kennengelernt hatte: Kühlung durch Verdunstung. Die Bewohner der Sahara transportieren ihr Wasser traditionell in einer *Guerba*, einem Ziegenbalg, durch dessen leicht poröse Haut permanent etwas Wasser austritt und verdunstet: Für Verdunstung ist Energie notwendig, und die wird der Fläche entzogen, auf der sie stattfindet, wodurch diese Fläche – in diesem Fall der Ziegenbalg samt Inhalt – abkühlt. Wind verstärkt den Effekt und kann die Temperatur des Wassers in der Guerba auf wenige Grad herunterkühlen, weshalb an nahezu jedem Gefährt und unter so manchem Kamelbauch in der Sahara eine Guerba baumelt. In Anlehnung an die Guerba wickelte ich den Thermobeutel mit meinen Filmen in ein altes Bettlaken, das ich in regelmäßigen Abständen mit Wasser besprenkelte. An manchen Tagen musste ich zwei Liter und mehr meines kostbaren Trinkvorrats dafür opfern. Dieser Wüstenkühlschrank sorgte aber nicht nur für den Schutz der Filme, sondern auch für so manches kühle Feierabendbier. Leider funktioniert diese Methode nur in Wüsten. Im Regenwald etwa, wo die Luft mit Feuchtigkeit gesättigt ist, wäre das Bettlaken auch nach drei Tagen noch nass und das Bier warm.

Die Aufbewahrung und Kühlung der Diafilme war immer aufwendig

Auf meinen Reisen habe ich Filme durch Kälte, aber nie durch Hitze verloren

Und so kam es, dass ich bei all meinen Wüstenreisen nie einen Film durch Hitzeschädigung verloren habe. Ob das an meinen Vorsichtsmaßnahmen lag oder daran, dass die Filme doch hitzebeständiger waren, kann ich nicht beurteilen. Trockene Kälte hat mich hingegen einige Filme gekostet. Allein im trocken-kalten Winter des Altiplano bei Temperaturen von unter minus zwanzig Grad ist mir viermal ein in der Kamera eingelegter Film gebrochen. Da ich es erst zu spät bemerkte, wurde der Film entweder nicht vollständig belichtet, weil er nicht weitertransportiert wurde, oder er wurde durch Lichteinwirkung zerstört, weil ich bei der Rückspulung nicht gemerkt hatte, dass er, eben weil er gebrochen war, nicht in die Patrone zurücktransportiert worden war.

Oft bestand auch die Gefahr, dass Militärs die Filme konfiszieren könnten. Diesbezüglich hatte ich immer Glück. Aber dann gab es da noch die Sicherheitskontrollen an den Flughäfen. Dort waren oft lange Diskussionen nötig, um die Leute – ebenfalls häufig Soldaten – davon abzuhalten, den Thermobeutel mit den Filmen durch den Röntgenscanner zu jagen. Ich weiß nicht mehr, wie viele Male das im Büro eines Vorgesetzten endete, wo die Menge der Filmrollen zu unangenehmen Fragen führte. Es war immer eine Gratwanderung, von dem ja durchaus begründeten Verdacht abzulenken, dass ich kein normaler Tourist wäre, sondern Profifotograf oder Journalist, ohne mich dabei beim Lügen erwischen zu lassen, denn das hätte mich schwer in die Bredouille gebracht.

Zu all diesen Schwierigkeiten mit den Filmen kam, dass man immer nur *einen* Film in der Kamera haben konnte, zum Beispiel einen mit 50 ASA. Am Abend brauchte man aber einen lichtempfindlicheren Film. Dann hieß es, den 50 ASA zurückspulen – ganz wichtig dabei: sich zuvor merken, dass fünfzehn, sechzehn oder wie viele Bilder auch immer bereits belichtet waren! – und einen zum Beispiel mit 200 ASA einlegen. Der wurde an einem Abend natürlich auch nicht voll, also gleiches Prozedere: verbrauchte Bilder merken, Film zurückspulen. Wieder den angefangenen 50-ASA-Film einlegen, mit Deckel vor dem Objektiv »schwarz« durchknipsen, bis man an der Stelle angekommen ist, an dem man am Tag zuvor aufgehört hatte. Dann konnte es weitergehen.

So einfach, wie es sich anhört, ist das aber leider nicht. Oft haben sich die Bilder aus irgendeinem Grund doch überlappt. Und wenn es ganz dumm lief, legte ich einen schon vollständig belichteten Film aus Versehen ein zweites Mal ein. Eigentlich hatte ich es

Versehentliche Doppelbelichtungen führten mitunter zu skurrilen Ergebnissen

mir zur Angewohnheit gemacht, das letzte Filmstückchen umzu-
knicken, als Hinweis, dass der Film belichtet ist, und mit dem Taschenmesser eine Nummer und das Datum einzuritzen. Nur vergaß ich das in der Hektik mitunter; mit dem fatalen Ergebnis, dass
am Ende zweimal 36 Aufnahmen verloren waren. Manchmal kam
es dabei zu skurrilen Doppelbelichtungen. Eines meiner Dias zeigt
Muslime und zwischen ihnen eine Flasche Stroh-Rum, die ich im
vorherigen Skiurlaub fotografiert hatte – keine Absicht, sondern
schlicht ein komischer Zufall.

Kurz und knapp: Die Filme waren in der Reisefotografie die
große Schwachstelle, und ich weine ihnen keine Träne nach. Heute können die Bilder nicht mehr verkratzen, und weder Hitze noch
Kälte, noch Röntgenstrahlen können den Daten etwas anhaben.
Und trotzdem: Es ist ein schönes Gefühl, ein Dia zu betrachten und zu wissen, dass ich dieses Filmstückchen wochen- oder
monatelang durch Afrika oder um die halbe Welt gefahren, heil
nach Hause gebracht, gut entwickelt und gerahmt habe und dass
dieses Dia nun im Vortragssaal Hunderte Menschen zum Staunen
bringt.

Letztlich haben alle Dias die Reisen und Tourneen überlebt.
Hunderttausende, meine Schätze aus den achtziger und neunziger
Jahren, lagern in meinem Archiv. Und ich werde sie auch nicht
digitalisieren, denn die digitalen Speichersysteme und Laufwerke
ändern sich, der Diafilm bleibt.

# Mein Einstieg in die Digitalfotografie

In den zweitausender Jahren stiegen immer mehr Fotografen auf Digitalkameras um. Kein Wunder. Denn dadurch lösen sich nicht nur die beschriebenen Schwierigkeiten im Umgang mit Filmen in Wohlgefallen auf, man kann nun auch die aufgenommenen Bilder sofort betrachten und daraufhin Korrekturen in der Kameraeinstellung und bei der Motivgestaltung vornehmen. Auch ist es speziell beim Fotografieren in fernen Ländern von Vorteil, den fotografierten Menschen – in vielen Fällen zum ersten Mal in ihrem Leben – ein Bild von sich zeigen zu können. Die ISO-Empfindlichkeit der Sensoren kann verändert werden. Heutzutage muss ich nicht mehr Hunderte Filmrollen transportieren, nur noch ein paar Speicherkarten. Ich kann die Fotos vor Diebstahl oder Konfiszierung schützen, indem ich sie auf mehreren Festplatten speichere, per E-Mail oder Datentransfer auf den heimischen Computer schicke. Und anders als bei Diafilmen können die Bilder im Nachhinein bearbeitet werden.

Staunend und doch distanziert beobachtete ich zunächst die in immer kürzeren Abständen erscheinenden Digitalmodelle, die sich ein Wettrennen um die meisten Pixel auf dem Sensor lieferten, hielt aber weiterhin an der analogen Fotografie fest. Das hatte zwei Gründe. Der eine waren die Beamer. Die waren zwar bald schon heller als meine Diaprojektoren, projizierten jedoch in einer für mich unbefriedigenden Qualität. Farben, Kontrast und Schärfe waren meilenweit von der Qualität einer guten Diaprojektion entfernt.

Der andere Grund war meine mangelnde Bereitschaft, mich auf die Welt der Bits und Bytes einzulassen. Ich fürchtete das Studium unverständlicher Gebrauchsanweisungen der Kameras; noch mehr aber hatte ich Respekt vor der offensichtlich notwendigen Nachbearbeitung der Bilder. Natürlich hatte ich im Büro längst einen PC und ein Notebook in Verwendung, aber über Textverarbeitungsprogramme und das Schreiben von Mails war ich nie hinausgekommen. Ich überlegte und überlegte, erwog sogar, parallel analog und digital zu fotografieren, was aber überhaupt keinen Sinn ergeben hätte. Letztlich wurde mir die Entscheidung von außen abgenommen.

Im Jahr 2009 machte ich gerade Campingurlaub mit meinen Kindern in Italien, als ich einen Anruf von der Polizeiinspektion München-Pasing erhielt, ob ich diese und jene Frauen kenne. Man nannte drei, vier Namen. Es waren alles ehemalige Freundinnen von mir. Irritiert fragte ich nach, wie sie zu den Namen kämen, und erfuhr, dass die Würm – ein durch Pasing fließendes Flüsschen – an mich adressierte Briefe von diesen Frauen angespült hatte. Die Briefe konnten nur aus meinem Haus stammen! Ich bat die Polizei, dorthin zu fahren und nachzusehen, ob eingebrochen worden war, und tatsächlich war dem so. Nicht nur war etwas Bargeld gestohlen worden, sondern auch meine drei kompletten Fotoausrüstungen: Die Leicas mit den vielen Objektiven, die Mamiya 7, die Nikon F5 – alles unwiederbringlich verloren.

Ich war geschockt, brach den Urlaub aber nicht ab, denn was hätte es geändert? Stattdessen begann ich während vieler Strandspaziergänge nachzudenken. Soll ich mir wieder eine analoge Ausrüstung zulegen, oder wage ich den Sprung in die Digitalfotografie? Das letzte Projekt, *Die Wüsten der Erde*, war schon lange abgeschlossen, und mit den Reisen für *Planet Wüste* würde ich erst im Jahr darauf beginnen – ein besserer Moment für den Umstieg würde nicht mehr kommen.

Meine nächste Überlegung galt der Marke. Der damalige Vorstandsvorsitzende von Leica vermutete, die Digitalfotografie sei nur eine vorübergehende Erscheinung. Statt also konsequent auf Digitalkameras zu setzen, experimentierte man mit einem digitalen Rückteil, das die analogen Kameras der R-Reihe zu einer Hybridform erweiterte und unentschlossenen Fotografen wahlweise die Verwendung von Film oder Sensor erlaubte. Ein solcher Zwitter kam für mich nicht in Frage. Folglich musste ich mich trotz der langjährigen guten Zusammenarbeit einer neuen Kameramarke umsehen.

Meine guten Erfahrungen mit der analogen Nikon F5 und meine Sympathie für die Marke ließen mich bei der Wahl meiner ersten Digitalkamera zur Nikon D3 greifen. Sie ähnelte in Form und Bedienung der F5, sodass mir die Umstellung etwas leichter fiel. Die Kamera war 2007 auf den Markt gekommen und hatte gleich für Furore gesorgt. Vor allem ihr Autofokus setzte neue Maßstäbe. Außerdem war es Nikon mit der D3 gelungen, einen Vollformatsensor mit 12,1-Megapixel zu verbauen, dessen theoretische Lichtempfindlichkeit bis ISO 25 600 reichte.

Ähnlich wie bei Filmen, galt von Anfang an auch in der Digitalfotografie: Je größer das Aufnahmemedium, desto besser. Und auf einem Vollformatchip im Format 24 mal 36 mm sind einfach mehr Pixel unterzubringen als auf einem kleineren APS-

Meine erste Digitalkamera war im Jahre 2009 die Nikon D3

Sensor. Belässt man dagegen die Zahl der Pixel, können die Pixel größer und mit besserem Lichtsammelvermögen ausfallen als bei einem kleineren Sensor. Das Rauschverhalten ist entsprechend besser, sodass man mit höheren ISO-Werten fotografieren kann. Im Fall der Nikon D3 bedeutete dies, dass bei eingestellten ISO 6400 – beziehungsweise 6400 ASA – nur relativ wenig Bildrauschen zu erkennen war. Was für ein Fortschritt gegenüber den überaus grobkörnigen 6400-ASA-Diafilmen, die ich einst verwendet hatte!

Dabei war die D3 erst der Anfang. Nikon brachte im Lauf der Jahre eine D3S mit noch weiter verbessertem Sensor sowie eine D3X mit mehr Pixel, aber weniger empfindlichem Sensor heraus. Es folgte die D4, gefolgt von der verbesserten Version D4S, und letztlich die D5, die ich bis heute als Hauptkamera verwende. Für mich war bei dieser Entwicklungsreihe ähnlicher Kameras vor allem entscheidend, dass der verbaute Sensor immer besser wurde. Die Nikon D5 hat heute 20,66 Millionen Pixel bei einer (theoretischen) maximalen Empfindlichkeit von ISO 3 280 000. In der Praxis nutze ich höchstens ISO 12 800 mit noch brauchbarer Qualität.

Doch zurück ins Jahr 2009. Ich hatte also die Nikon D3 gekauft, dazu drei Zoomobjektive – und das war es! Ich musste plötzlich keine drei Ausrüstungen mehr mit mir herumschleppen. Statt bis zu 200 empfindlichen Filmen hatte ich ein paar Speicherkarten und eine kleine Festplatte zum Sichern im Gepäck. Was für eine Erleichterung! Meine erste Reise mit der D3 führte mich im Sommer des Jahres nach Island, wo ich mich auf *Planet Wüste* einstimmen wollte. Mit von der Partie war mein Freund Jörg Reuther mit seinem großen Wissen in puncto Digitalfotografie. Meine ersten Bilder bearbeiteten wir gleich vor Ort auf seinem Notebook und luden sie gerade noch rechtzeitig auf den Server hoch, sodass sie noch in *30 Jahre Abenteuer* gelangten, das nur wenig später gedruckt wurde. Mit analogen Bildern wäre das unmöglich gewesen.

Das Abenteuer Digitalfotografie begann für mich aber erst richtig mit unserer ersten Arktisreise im Februar 2010 nach Spitzbergen. Jörg und ich waren bei Temperaturen von minus vierzig Grad mit Hundeschlitten und Snowmobilen unterwegs. Wenn wir im Zelt übernachteten, blieben unsere Notebooks in Longyearbyen zurück. Wenn wir aber in unserer gemütlichen Unterkunft nächtigten, verbrachten wir die Abende am offenen Kamin mit der Nachbearbeitung der tagsüber entstandenen Bilder. Auch auf diesem Feld profitierte ich viel von Jörgs Erfahrung. Auf seinen Rat hin hatte ich mir unter anderem ein MacBook angeschafft. So konnte ich bereits in Spitzbergen die Bilder für meine ersten Blogs auf der Website des *Spiegel* aufbereiten, die ich damals begann und bis heute weiterführe.

Im Nachhinein gesehen, war es genau richtig, dass ich zwar spät, aber dann konsequent auf digitale Fotografie umgestiegen bin. Durch mein langes Zögern übersprang ich die Kinderkrankheiten, die jede neue Technik durchmacht, und sparte viel Geld für Kameramodelle, die nach kurzer Zeit bereits wieder überholt waren. Recht viel später hätte ich aber nicht umsteigen dürfen, denn das hätte bedeutet, mitten in einem Projekt die Pferde wechseln zu müssen. Insofern muss ich dem unbekannten Dieb meiner Analogausrüstung fast ein bisschen dankbar sein.

# Das digitale Fotografieren

Die Grundzüge des Fotografierens sind trotz des Übergangs von analoger auf digitale Technik dieselben geblieben. Das gilt für die physikalischen Grundlagen ebenso wie für den kreativen Bereich. Physikalisch geht es darum, die vorhandene Lichtmenge richtig zu dosieren, indem man die Belichtungszeit oder die Blende verändert – oder die Lichtempfindlichkeit des Films beziehungsweise Sensors anpasst. Blende 16 gab es bereits vor vierzig Jahren bei meinen ersten Fotoversuchen und gibt es noch heute, und 1/125 Sekunde ist auch heute noch 1/125 Sekunde. Ebenso wenig haben sich das Zusammenspiel zwischen Belichtungszeit und Blende mit seinen Auswirkungen auf den Bildeindruck und die Auswirkungen der Lichtführung auf das Bild geändert.

Geändert hat sich allerdings die Anzahl der Auslösungen. Hatte ich früher die Begrenzung des Films auf sechsunddreißig Bilder und letztlich auch die Kosten immer im Blick, kann ich heute Tausende Bilder in höchster Auflösung auf eine Speicherkarte packen. Das bedeutet jedoch nicht, dass ich die Kamera öfter als notwendig auf Serienfotos schalte und den Finger dauerhaft auf dem Auslöser lasse. Manche Fotografen halten das ganz anders. Am deutlichsten fiel mir das auf einer Reise mit einem Expeditionskreuzfahrtschiff vor den Küsten Antarktikas auf. Kam ein Eisberg in Sicht, stellten insbesondere die chinesischen und russischen Hobbyfotografen ihre Kameras auf Dauerfeuer und ließen den Finger für mehrere Sekunden am Abzug. Sie fotografierten also ein und denselben Eisberg dreißig- oder vierzigmal! Ein statisches Motiv! Doch Eisberg bleibt Eisberg, da reicht ein Bild. Serienbelichtungen sind für mich nur bei sich bewegenden Motiven sinnvoll. Ein galoppierendes Pferd hat in jeder Sekunde eine andere Fußstellung, eine Brandung unterschiedlich schöne Wellen; da ist es höchst unwahrscheinlich, dass man mit einem einzigen Bild den optimalen Moment erwischt.

Was ich an Digitalkameras schätze, ist die Veränderbarkeit der Sensorempfindlichkeit. Passt die eingestellte ISO-Zahl nicht zu den Lichtverhältnissen, kann ich sie blitzschnell erhöhen, und wenn es nur für ein Bild ist. Als großen Vorteil sehe ich auch, dass ich die Aufnahmen sofort überprüfen kann. Spätestens nach einer Bildserie sehe ich mir die entstandenen Bilder kurz auf dem rückseitigen Monitor an. Ich kontrolliere Bildinhalt und Belichtung, bei kritischen Motiven auch die Schärfe, indem ich in das Bild hineinzoome. Da ich im Lauf der Zeit leider weitsichtig geworden bin, muss dafür immer eine Billig-Lesebrille aus dem Drogeriemarkt griffbereit sein. Am Sucherokular ist sie zum Glück nicht nötig, da ich dort die Dioptrien einstellen kann.

Ich habe außerdem die Erfahrung gemacht, dass Digitalkameras genauso widerstandsfähig sind wie Analogkameras. Das gilt für Staub und Sand, nicht zuletzt, weil bei Digitalkameras die Rückwand nicht geöffnet werden muss, um einen neuen Film einzulegen. Was Erschütterungen und Schläge betrifft, bin ich immer verwundert, was die hochkomplexe Technik in den Digitalkameras aushält. Das gilt insbesondere für Profikameras, deren Bauweise weit robuster ist als die von Durchschnittskameras, bei denen viel Kunststoff verbaut ist und eine Versiegelung gegen Staub und Feuchtigkeit fehlt.

Die meisten Bedenken gibt es beim Einsatz von Digitalkameras in Hitze und Kälte. Auch hier kann ich nur über meine Erfahrungen mit Profikameras sprechen. Seit nunmehr über zehn Jahren setze ich sie im Temperaturbereich von minus fünfzig bis plus fünfzig Grad ein und hatte nie Probleme. Während ich mir in analogen Zeiten bei Extremtemperaturen Sorgen zumindest um die Filme machte, funktioniert die digitale Technik meist problemlos – bis

auf das eine Mal, als an einem minus fünfzig Grad kalten Wintermorgen im sibirischen Oimjakon der Verschluss »Error« anzeigte,
vermutlich, weil das Schmierfett zäh wurde und den Verschluss
blockierte.

Bei derartigen Temperaturen wird auch die Brennweitenverstel-
lung bei Zoomobjektiven sehr schwergängig, was wiederum an der
Viskosität der Schmierung liegt. Auch die in Profikameras verwendeten großen Lithium-Ionen-Akkus kommen, wie angedeutet, mit
extremer Kälte gut zurecht. Natürlich verlieren sie an Leistung, aber
sie brechen nicht zusammen. Bei extremer Kälte habe ich zur Sicherheit immer einen vollgeladenen Ersatzakku im Kamerarucksack.

Nicht nur digitale Kameras, auch Drohnen sind auf eine
Stromversorgung durch Akkus angewiesen. Natürlich habe ich
pro Modell mehr als einen Akku dabei (für die Drohnen sogar
acht), dennoch kommt unweigerlich der Zeitpunkt, an dem sie
geladen werden müssen. Bin ich mit einem Geländewagen unterwegs, an der 12-Volt-Buchse des Zigarettenanzünders, wobei ein
Verteiler sich als hilfreich erweist. Auch mein Motorrad besitzt eine

Professionelle Digitalkameras trotzen Kälte und Hitze

Akkus laden in Kamtschatka mit einem mitgeführten Benzingenerator

12-Volt-Buchse, die aber nur während des Parkens genutzt werden kann. Die Akkus meiner Nikon D5 können jedoch nur bei einer 220-Volt-Stromversorgung geladen werden, die ich auch gern für meine anderen Akkus nutze.

Dies kann bei einer Rast in einem Lokal geschehen, abends in der Unterkunft oder aber über einen mitgeführten Benzingenerator. Wichtig ist, dass ich bei meinen Reisen wenigstens *einen* passenden Steckdosenadapter im Gepäck habe. Ferner habe ich immer zwei Steckdosenleisten dabei, um möglichst viele Geräte gleichzeitig laden zu können. Wenn ich mit Jörg und noch einem Kameramann unterwegs bin, zähle ich an manchen Tagen bis zu dreißig Ladekabel, die erst einmal zugeordnet und nach dem Laden wieder entwirrt werden müssen.

# Nach dem Fotografieren: sichern, archivieren und bearbeiten

Es gehört für mich zu den schönsten Momenten auf Reisen, nach dem Wegpacken der Kameras abends auf der Motorhaube des Geländewagens oder wo auch immer die tagsüber entstandenen Bilder zu sichten, die auf den diversen Speicherkarten gesichert sind: auf der Speicherkarte aus meiner Nikon D5, auf den Speicherkarten aus der Drohne, die ich nach jedem Flug wechsle, weil die Drohne abstürzen oder sonst wie verloren gehen kann, auf den Speicherkarten aus der Video-, der GoPro- sowie der stabilisierten Osmo-Filmkamera. Die Fotos spiele ich in die für die jeweilige Reise angelegte Mediathek meines Bildbearbeitungsprogramms Lightroom Classic ein, die auf einer externen Festplatte abgelegt ist. Zusätzlich sichere ich die Bilddateien noch einmal als Originale auf einer zweiten Festplatte. Die Videodateien spiele ich ebenfalls auf diese beiden stoßgesicherten Festplatten auf, die ich immer an verschiedenen Stellen meines Gepäcks aufbewahre.

Bereits während dieses ersten Sichtens vergebe ich für die relevanten Bilder einen Stern. Weil Bilder ohne Stern es schwer haben, noch einmal meine Aufmerksamkeit zu erlangen, klicke ich, wenn ich wieder zu Hause bin, erneut alle Bilder in Ruhe durch und verteile nachträglich noch so manchen Stern. Besonders gute Bilder erhalten einen zweiten oder sogar dritten Stern. Bilder, die bereits auf der Reise einen Stern bekommen, unterziehe ich sofort einer

Sichern und Bearbeiten von Bildern am Krakatau, Indonesien

kurzen Bearbeitung, indem ich die Tonwerte automatisch einstelle. Damit kommen die Farben und Kontraste meist erst einigermaßen naturgetreu ins Bild.

Hier ist ein kleiner Exkurs in die Datenwelt der Digitalfotografie fällig. Ich fotografiere von Anfang an im RAW-Format, weil es die meisten Möglichkeiten für die Nachbearbeitung bietet. Der Nachteil ist, dass diese Rohdaten erst konvertiert werden, anders ausgedrückt »entwickelt« werden müssen, damit man überhaupt ein Bild sieht. Diese Konvertierung geschieht automatisch, wenn ich das Bild auf dem rückseitigen Monitor der Kamera betrachte und ebenso, wenn ich die RAW-Dateien in der Mediathek des Bildbearbeitungsprogramms aufrufe, um sie auf dem Bildschirm des Notebooks anzuschauen.

Neben der Sicherung und der Konvertierung bietet mir das Programm einen wichtigen dritten Schritt an: die Bildbearbeitung. Ich kann damit nicht nur zahllose Parameter wie Belichtung, Kontraste, Sättigung, Farben verändern, sondern auch den Hori-

Abendliches Sichten der tagsüber entstandenen Bilder im Tschad

zont des Bildes geradestellen, einen neuen Ausschnitt wählen oder Schmutzflecken des Sensors entfernen. Diese Bearbeitungen sehe ich zwar auf meinem Monitorbild, sie sind aber nur virtuell. Die RAW-Datei bleibt unverändert im Originalzustand in meiner Mediathek. Erst wenn ich das bearbeitete, virtuelle Bild als komprimiertes JPEG oder unkomprimierte TIFF-Datei exportiere, kann ich die Bilder auch ohne Bildbearbeitungsprogramm betrachten.

Doch zurück zum Notebook auf der Motorhaube. Nach dem ersten Schnelldurchlauf – und meist erst nach dem Abendessen – schaue ich mir die mit einem Stern versehenen Bilder näher an. Manchmal bleiben sie, wie sie sind, oft verändere ich aber auch leicht die Belichtung, schiebe vorsichtig an den Lightroom-Reglern für Sättigung, Lebendigkeit oder »Dunst entfernen«. Dabei orientiere ich mich immer an meiner Erinnerung. Ich versuche, den Bildern ihre Natürlichkeit zu lassen. Die Bildbearbeitung ist ein schmaler Grat, denn schnell kippen die Farben ins Bonbonhafte oder werden Kontraste unnatürlich. Die Farben ein wenig satter zu machen oder eine zu dunkle Bildpartie aufzuhellen ist für mich aber völlig in Ordnung. Das wurde auch in der analogen Fotografie schon gemacht; in den Fotolaboren wurde abgewedelt, nachbelichtet oder gefiltert und über die Wahl des Fotopapiers die Kontraste beeinflusst.

Die nachträgliche Bearbeitung von Bildern ist in meinen Augen schlicht notwendig. Sie ist quasi integraler Bestandteil der Fotografie geworden und sollte unter der Kontrolle des Fotografen stattfinden und nicht an Dritte übertragen werden. Die Bearbeitung hat für mich eine Grenze erreicht, wenn das Bild unnatürlich wirkt. Ein Betrachter merkt sofort, ob das Bild die Realität wiedergibt oder nicht. In der Werbefotografie weiß jeder, dass das Model oder das Produkt in Wirklichkeit ganz anders aussehen. Werbung möchte verkaufen. Dagegen möchte ich als Fotograf von meinen Reisen und der Welt erzählen. Die Reisefotografie, in der ich zu Hause bin, bewegt sich zwischen Reportage-, Landschafts-, Natur-, Erlebnis- und Porträtfotografie. Authentizität ist eines ihrer höchsten Güter, und die sollte man nicht gefährden. Deshalb war es für mich nie eine Versuchung, ein Kamel zusätzlich in ein Bild einzubauen.

Damit sind wir bei der Bildmanipulation – die im Zeitalter von Photoshop technisch möglich und vor allem einfach zu bewerkstelligen ist, aber sorgfältig von Bildbearbeitung unterschieden werden sollte. Bildmanipulation fängt an, wenn bestimmte Bildelemente entfernt oder hinzugefügt werden. Das kann den Ruf nachhaltig schädigen, wenn es publik wird. So geschehen bei einem berühmten Fotografen, der nachweislich einzelne Zebras in eine Zebraherde hineinkopiert hat, um Lücken zu füllen. Wenn Zuschauer nach dem Vortrag zu mir kommen und fragen: »Herr Martin, Ihre Bilder sind doch bearbeitet?«, antworte ich freundlich: »Ja, bearbeitet sind sie schon, aber nicht manipuliert.« Mir bleibt nur die Hoffnung, dass der Unterschied verstanden wird.

Kehre ich von einer Reise zurück, überspiele ich die Mediathek mit meinen Bildern sowie die extra gesicherten reinen Bild- und Videodateien auf zwei weitere Zwei-Terabyte-Festplatten. Die eine enthält nur die Mediatheken der für das aktuelle Projekt durchgeführten Reisen, die andere die Originaldateien der Bilder. Von beiden Festplatten habe ich Kopien, die in einem Bankschließfach lagern. So kamen für *Terra* insgesamt vier Terabyte mit Mediatheken und sechs Terabyte mit Originaldateien zusammen. Anders ausgedrückt sind es insgesamt fünf handtellergroße Festplatten, auf denen das gesamte Projekt mit seinen Hunderttausenden Bildern und Hunderten Stunden Videomaterial gespeichert ist. Was für ein Unterschied zu den schweren, großen Hängeregisterschränken, in denen meine Dias und auf denen meine Videokassetten lagern.

So wie ich ehemals die Abende zu Hause am Leuchtpult genoss, fahre ich heute gern den iMac hoch, rufe eine in den letzten Jahren entstandene Mediathek auf und betrachte die Bilder. Ab und an ziehe ich an dem einen oder anderen Regler, um die auf Reisen nur grob durchgeführte Bildbearbeitung zu verbessern. Endgültig bearbeitet werden die Bilder aber erst, wenn es an die Auswahl für die Veranstaltung und das Buch geht. Dann werfe ich einen letzten kritischen Blick auf die Bearbeitung, bevor das Bild als TIFF in die Multivisionsshow eingebaut wird oder dem Lithografen des Buches als Vorlage für die Erstellung der Druckdateien dient. In jedem Fall habe ich die Sicherheit, dass die Originale mehrfach gesichert als RAW-Dateien auf meinen Festplatten liegen.

# Ein Blick in meinen Kamerarucksack

Wenn ich meinen Kamerarucksack öffne, sehe ich eine Kamera, eine ganze Reihe von Objektiven und zwei Filter. Die Ersatzkamera, eine Nikon D850, ist im übrigen Gepäck verstaut und kommt in aller Regel nicht zum Einsatz. Im bestzugänglichen Teil des Rucksacks liegt die Nikon D5 mit dem Standardzoom Nikon 24–70 mm 2,8 griffbereit. So kann ich ohne große Umstände mit dem Fotografieren beginnen. Inzwischen hat Nikon eine D6 auf den Markt gebracht, die sich aber nicht wesentlich von der D5 unterscheidet, weshalb ich nicht umgestiegen bin. Auf allen dreißig Reisen für *Terra* hat mich immer dieselbe D5 begleitet und dabei nie im Stich gelassen. Sie hat einen hervorragenden Autofokus; auch die sonstigen technischen Werte wie eine kürzeste Belichtungszeit von 1/8000 Sekunden und vierzehn Bilder pro Sekunde bei hochgeklapptem Spiegel zeichnen sie als Profikamera aus. Auch wenn die neuesten spiegellosen Systemkameras über noch bessere Sensoren und Augenerkennung beim Autofokus verfügen, werde ich noch eine Zeitlang an meiner D5 festhalten.

Die Palette der Objektive im Rucksack lässt sich in Zoomobjektive und Festbrennweiten unterteilen. Die Zooms beginnen mit dem Weitwinkelzoom Nikon 14–24 mm 2,8, das aufgrund seines Brennweitenbereichs und seiner optischen Qualität einen hervorragenden Ruf besitzt. Ich setze es vor allem in der Landschaftsfotografie ein, wo mir gerade in Tagesrandzeiten seine hohe Lichtstärke zugutekommt. Die Zahl 2,8 steht auch auf den beiden anderen Nikon-Zooms: dem bereits erwähnten Standardzoom 24–70 mm und dem optisch ebenfalls hervorragenden Telezoom 70–200 mm. Alle drei Objektive besitzen eine Bildstabilisierung, die mir erlaubt, mindestens zwei Stufen länger zu belichten, als der Reziprokwert der Brennweite ergeben würde. In der Praxis heißt das, dass ich bei Blende 2,8 auch bei 200 mm Brennweite noch eine 1/50 Sekunde verwacklungsfrei halten kann. Habe ich 6400 ASA Empfindlichkeit eingestellt, kann ich bis weit in die Dämmerung hinein ohne Stativ fotografieren.

Neben den Zooms habe ich zwei Nikon-Festbrennweiten im Rucksack, die sich durch extreme Lichtstärke auszeichnen: das Weitwinkelobjektiv 28 mm 1,4 und das Teleobjektiv 105 mm 1,4. Beide Brennweiten werden zwar auch von meinen Zooms abgedeckt, aber mir geht es um die Blende 1,4. Sie garantiert eine perfekt auf Porträts abgestimmte Schärfentiefe. Mit dem 28-mm-Weitwinkelobjektiv bekomme ich naturgemäß mehr Umgebung auf das Bild, das 105-mm-Teleobjektiv zeigt einen engeren Ausschnitt der Wirklichkeit. In beiden Fällen sind die Objektive von Meister-

Seit vielen Jahren bevorzuge ich Kamerarucksäcke gegenüber Fototaschen

Weitwinkelobjektive mit Blende 1,4 bieten neue Möglichkeiten, Tansania

konstrukteuren in Japan so gerechnet, dass bei voll geöffneter Blende das Gesicht vollständig scharf ist, während der Vorder- und der Hintergrund mit einem wunderbaren Bokeh zurücktreten. Keines der beiden Objektive verfügt über eine Schärfestabilisierung, die ich bei Porträtaufnahmen nicht vermisse, beim Einsatz in Tagesrandzeiten oder bei Nachtaufnahmen hingegen schon.

In einer schlecht zugänglichen Ecke des Rucksacks steckt noch ein Nikon 105-mm-Makroobjektiv, das ich leider viel zu selten einsetze. Dagegen reist mein größtes, schwerstes und wertvollstes Objektiv in einem eigenen Köcher, denn es würde aufgrund seiner Länge und seines stattlichen Umfangs den Rucksack sprengen. Es ist das Nikon 180–400 mm 4,0 Telezoom, das einen integrierten 1,4x-Konverter besitzt, sodass man durch Umlegen eines Schalters den Brennweitebereich bis 560 mm ausdehnen kann. Nikon ist es gelungen, durch die Verwendung von Karbon und acht ED-Glas-Linsen sowie einer Fluoritlinse das Gewicht auf dreieinhalb Kilo zu begrenzen. Dieses Telezoom ist neben dem Nikon 14–24 mm 2,8

In der Arktis und Antarktis ist ein langes Teleobjektiv unverzichtbar

mein wichtigstes Objektiv in der Naturfotografie, kostet allerdings mehr als mancher Kleinwagen.

Die beiden Filter in meinem Kamerarucksack benütze ich hingegen kaum. Der eine ist ein Polarisationsfilter, mit dem man nichtmetallische Reflexe zum Beispiel auf Wasserflächen reduzieren könnte. Ihn habe ich vor allem in analogen Zeiten eingesetzt, um die Farben insgesamt kräftiger wirken zu lassen. Das funktioniert jedoch nur bei klarem Himmel und wenn das Licht von der Seite kommt. In heutiger Zeit erreiche ich kräftige Farben einfacher in der Nachbearbeitung durch Erhöhen der Sättigung oder Lebendigkeit. Der Effekt des zweiten Filters lässt sich durch Nachbearbeitung nicht ersetzen. Der Neutralgraufilter (ND 32) verändert die Farben nicht, bewirkt aber, dass ich statt einem Hundertstel Bruchteil einer Sekunde mehrere Sekunden lang belichten kann, um beispielsweise die Bewegung von Wasser oder Wolken verwischt darzustellen. Ohne Stativ nutzt er allerdings nicht viel.

Damit sind wir bei einem Ausrüstungsgegenstand, der nicht *im* Rucksack, sondern höchstens *am* Rucksack zu finden ist: das Stativ. Bei längeren Bergtouren fixiere ich es dort mit Riemen, oft trage ich es auch einfach in der Hand. Ich habe seit vielen Jahren ein Dreibeinstativ aus Karbon, das leicht und doch stabil ist. Darauf habe ich meinen ältesten noch eingesetzten Ausrüstungsgegenstand montiert, einen gut zwanzig Jahre alten Kugelkopf der Firma Novoflex, die sich mit innovativen Lösungen rund um das Fotografieren einen Namen gemacht hat. Der Kugelkopf ist in keiner Schale gelagert, vielmehr reitet die Kamerahaltung auf ihm. Dadurch wird ein größerer Einstellbereich erzielt, gleichzeitig ist der Kugelkopf immer blitzsauber, weil es keine Aufnahmeschale gibt, in die Schmutz gelangen könnte.

Die einst blaue Eloxierung hat leider unter den vielen Sandstürmen in den Wüsten gelitten.

Ein Ausrüstungsgegenstand, den man in meinem Kamerarucksack gar nicht mehr findet, ist der Blitz. Im Zeitalter der niedrigempfindlichen Filme dienten Blitze meist dazu, bei schlechten Lichtverhältnissen das Fotografieren überhaupt erst möglich zu machen. In den späten neunziger und frühen zweitausender Jahren erlaubte es die Kamera- und Blitztechnik, schattige Bereiche von Tageslichtbildern aufzuhellen. Das Ergebnis sah immer künstlich aus, so als ob die angeblitzten Personen, Tiere oder Gegenstände vor einer Fototapete platziert worden wären. Heute kann man mit hochempfindlichen Sensoren auch ohne Stativ unter Ausnutzung des vorhandenen Restlichts praktisch bei Nacht fotografieren. Ein Blitz würde bei vielen Motiven nur die Stimmung zerstören, und zu dunkle Partien kann man heute ohne großen Aufwand in der Nachbearbeitung aufhellen.

Das Stativ ist im Lauf der Jahre immer unwichtiger geworden, Peru

# Die Welt dreht sich weiter

Vor vierzig Jahren hätte ich mir als angehender Fotograf nicht vorstellen können, welche Entwicklung die Fotografie im Allgemeinen und für mich persönlich nehmen wird. Man denke nur an fliegende Kameras. Vor gut dreißig Jahren musste ein lauter Benzinmotor samt Propeller nicht nur die Kamera, sondern auch noch den Fotografen an einem Gleitschirm in die Luft bringen, heute wiegen ferngesteuerte Drohnen kaum ein Kilo und kehren nach einem dreißigminütigen Flug mit oft ganz besonderen Bildern auf der Speicherkarte zuverlässig wieder zurück.

Aber wird die Fotografie in Zukunft überhaupt noch eine Bedeutung haben? Diese Frage würde ich mit einem klaren Ja beantworten. »Ein Bild sagt mehr als tausend Worte«, und diese simple Aussage wird immer gelten. Auch werden Menschen immer Interesse am Anfertigen und Betrachten von Bildern haben. Das war schon im Neolithikum so, als unbekannte Künstler die Lebenswirklichkeit der Jungsteinzeit an Felswände malten, und gilt heute vielleicht mehr denn je, wo jeden Tag etwa hundert Millionen Bilder auf Instagram hochgeladen werden. Auch ich poste ab und zu ein Bild und freue mich über die Kommentare meiner Follower, sehe Instagram und Facebook jedoch vor allem als Möglichkeit, mit meinen Zuschauern und Lesern zu kommunizieren.

Die Plattform für meine Bilder aber wird weiterhin in erster Linie die Bühne sein, denn meine Freude, Vorträge zu halten, ist ungebrochen. Ich schätze mich glücklich, dass ich in meinem Beruf an keine Altersgrenze gebunden bin, und denke oft, ich mache es wie der große französische Chansonnier Charles Aznavour, der

Spiegellose Kameras werden die Spiegelreflexkameras ablösen, Mongolei

bis zu seinem Tod im Alter von 96 auf der Bühne stand. Wenn alles gut geht, ist jetzt gerade erst die Halbzeit vorbei, und ich habe noch fast vierzig Jahre vor mir. Auf jeden Fall sterbe ich im Sattel. Das habe ich mir zumindest vorgenommen.

Die Kameras der Zukunft zu beschreiben, wäre reine Spekulation. Gerade erst geht die Ära der Spiegelreflexkameras zu Ende, die zum großen Teil schon von spiegellosen Systemkameras verdrängt werden. Deren Vorteile liegen auf der Hand. Die Bauweise ist kompakter und leichter, da auf den Spiegelkasten verzichtet werden kann. Damit rücken die Objektive näher an den Sensor heran, was den Optikkonstrukteuren in Verbindung mit größeren Bajonettdurchmessern ermöglicht, noch lichtstärkere und optisch bessere Objektive zu bauen. Ferner lösen die spiegellosen Kameras schneller, leiser und erschütterungsfreier aus. Viele Fotografen schätzen die Tatsache, dass der elektronische Sucher das Bild so darstellt, wie die Kamera es aufnimmt. Für die Kameraindustrie ist die neue Technik ein Geschenk, denn ein Fotograf, der alle

Vorteile der spiegellosen Kameras nutzen will, muss seine gesamte Ausrüstung neu anschaffen.

Auch ich werde nach Abschluss des Projekts *Terra* auf spiegellose Kameras umsteigen. Dann werden mehr der neuen Objektive auf den Markt gekommen sein – und weil auch die Modellzyklen der Kameras wieder länger sein werden, habe ich mir bis dahin wahrscheinlich, ähnlich wie in den Anfangszeiten der digitalen Kameras, viel Geld gespart, indem ich nicht in die allerersten Modelle der neuen Technik investierte.

Neben der grundlegend anderen Konstruktion werden Kameras in naher Zukunft noch bessere Sensoren, eine bisher nie gekannte höhere Auflösung und mehr Video-Features bieten. Die Sensoren werden mit immer weniger Licht auskommen bei immer besser nutzbaren höchsten Empfindlichkeiten, und sie werden noch besser mit extremen Kontrasten umgehen, ihr Dynamikumfang wird also weiter steigen. Durch die höhere Sensorauflösung in Verbindung mit immer leistungsfähigeren Prozessoren ist das *Filmen* heute schon in 8K-Qualität möglich – und damit ist noch nicht die Grenze des Machbaren erreicht. Dadurch verschmelzen Fotografieren und Filmen immer mehr, denn inzwischen sind die einzelnen Bilder eines Films (Frames) schon von derart hoher Datenqualität, dass sie als Fotos verwendet werden können. Werden wir als Fotografen also in Zukunft mit fünfundzwanzig oder dreißig Bildern pro Sekunde filmen und im Nachhinein aus dem Video einzelne Fotos herauspicken? Ich kann natürlich nicht für meine Kollegen sprechen, doch für mich ginge damit der magische Moment verloren, in dem ich den Auslöser drücke und der Verschluss für den Bruchteil einer Sekunde aufgeht.

Und wie geht es für mich weiter? Meine Freunde scherzen manchmal, dass ich danach als weitere Steigerung die Wüstenplaneten des Universums bereisen müsste. Tatsächlich denke ich darüber nach, das Universum zum Thema eines Vortrags zu machen.

Schließlich hielt ich solche Vorträge bereits vor 45 Jahren auf der Volkssternwarte Diedorf, wo ich den Besuchern das Weltall auf der Leinwand nahebrachte.

Trotz meiner Faszination für das Weltall werde ich mich aber auch weiterhin mit unserer Erde beschäftigen, denn sie ist facettenreich genug, um einen Fotografen ein ganzes Leben lang glücklich zu machen. Ich werde also weiter reisen und interessante Gebiete unseres Planeten besuchen. Dabei werde ich noch genauer hinsehen und die Schattenseiten noch differenzierter zeigen. Themen wie Klimawandel, Artensterben oder Desertifikation habe ich in Vorträgen und Büchern schon immer angesprochen. Sie werden in Zukunft einen größeren Raum einnehmen. Gleichzeitig sollen meine Zuschauer und Leser weiterhin meine Leidenschaft für die Reisefotografie und das Berichten spüren und will ich sie mit meinen Vorträgen, Filmen und Büchern nicht nur informieren, sondern vor allem auch berühren.

# Dank

Ich bedanke mich bei all jenen Menschen, die mich auf meinem langen beruflichen Weg begleitet haben. Viele sind im Buch namentlich erwähnt, doch manche aus Platzgründen leider nicht. Insbesondere danke ich meiner langjährigen Mitarbeiterin Tine Wittmann und meinem häufigsten Reisepartner Jörg Reuther.

Ich danke meinen Eltern für meine glückliche Kindheit, meinen beiden Kindern Gina und David sowie meiner kleinen Enkeltochter Lara für viele Glücksmomente und meiner Frau Elly für ihre Liebe und Unterstützung.

Im Zusammenhang mit der Entstehung dieses Buches danke ich meiner Co-Autorin Sabine Wünsch für ihr Engagement und meinem Freund Wolfgang Kleinert für seinen fachlichen Rat.

# Zum Autor

© Jörg Reuther

Michael Martin, geboren 1963 in München, ist Fotograf, Abenteurer, Vortragsreferent und Diplom-Geograf. Seit über vierzig Jahren berichtet er über seine Reisen in die Wüsten der Erde und wurde zum weltweit renommiertesten Wüstenfotografen. Inzwischen reist und fotografiert er auch in anderen Naturräumen wie Regenwäldern, Steppen und Hochgebirgen. Sein Projekt *Terra* ist ein geografisches und fotografisches Porträt unseres Planeten. Er veröffentlichte dreißig Bildbände und Bücher, die in sieben Sprachen übersetzt wurden, hielt über 2000 Vorträge und produzierte mehrere Fernsehfilme. Seine Werke wurden mit zahlreichen Preisen ausgezeichnet, unter anderem mit einem Ehrenpreis der Royal Geographic Society. Zuletzt erhielt er den Gregor International Calendar Award und den ITB Book Award für sein Lebenswerk. Zu diesem Buch gibt es einen gleichnamigen Livevortrag, der im gesamten deutschsprachigen Raum zu sehen ist.

**www.michael-martin.de**

Deutsche Originalausgabe
2. Auflage 2021
Copyright © 2021 von dem Knesebeck GmbH & Co. Verlag KG, München
Ein Unternehmen der Média-Participations

Alle Fotografien © Michael Martin außer
Coverbild und Seite 7, 30, 43, 66, 76, 79, 80, 98, 103, 123, 126, 129,
133, 146, 147 rechts, 212, 218, 222, 231, 237 © Jörg Reuther;
Seite 37 links, 40 rechts, 136, 221, 229 © Elly Martin;
Seite 185, 186 © Achim Mende; Seite 19, 68 © Stefanie Wittmann;
Seite 86 © Christoph Höbenreich; Seite 206 rechts © Katja Kreder.
Ferner stammen einige Bilder aus dem Archiv von Michael Martin.
Gestaltung und Umschlaggestaltung: Favoritbüro, München
Grafikelemente: © s_maria/shutterstock.com
Satz und Herstellung: Arnold & Domnick, Leipzig
Druck: Livonia Print, Riga
Printed in Latvia

ISBN 978-3-95728-539-3

www.knesebeck-verlag.de

MIX
Papier aus verantwor-
tungsvollen Quellen
FSC
www.fsc.org   FSC® C002795